CARLOS TAIBO
Ha sido durante tres décadas profesor de Ciencia Política en la Universidad Autónoma de Madrid. Entre sus libros se cuentan *En defensa del decrecimiento* (2009), *El decrecimiento explicado con sencillez* (2011), *Colapso. Transición ecosocial, capitalismo terminal, ecofascismo* (2016), *Ante el colapso, por la autogestión y por el apoyo mutuo* (2019) e *Historias antieconómicas* (2020). Todas esas obras han sido publicadas por Los Libros de la Catarata.

Carlos Taibo

Iberia vaciada

DESPOBLACIÓN, DECRECIMIENTO, COLAPSO

CATARATA

PRIMERA EDICIÓN: ENERO DE 2021
SEGUNDA EDICIÓN: JUNIO DE 2021
TERCERA EDICIÓN: OCTUBRE DE 2021

DISEÑO DE CUBIERTA: PABLO NANCLARES

© CARLOS TAIBO, 2021

© LOS LIBROS DE LA CATARATA, 2021
   FUENCARRAL, 70
   28004 MADRID
   TEL. 91 532 20 77
   WWW.CATARATA.ORG

IBERIA VACIADA.
DESPOBLACIÓN, DECRECIMIENTO, COLAPSO

ISBN: 978-84-1352-127-5
DEPÓSITO LEGAL: M-153-2021
THEMA: JHBD/1DSE/1DSP

ESTE LIBRO HA SIDO EDITADO PARA SER DISTRIBUIDO. LA INTENCIÓN DE LOS EDITORES ES QUE SEA UTILIZADO LO MÁS AMPLIAMENTE POSIBLE, QUE SEAN ADQUIRIDOS ORIGINALES PARA PERMITIR LA EDICIÓN DE OTROS NUEVOS Y QUE, DE REPRODUCIR PARTES, SE HAGA CONSTAR EL TÍTULO Y LA AUTORÍA.

creative commons

ESTA LICENCIA PERMITE COPIAR, DISTRIBUIR, EXHIBIR E INTERPRETAR ESTE TEXTO, SIEMPRE Y CUANDO SE CUMPLAN LAS SIGUIENTES CONDICIONES:

AUTORÍA-ATRIBUCIÓN: SE DEBERÁ RESPETAR LA AUTORÍA DEL TEXTO. SIEMPRE HABRÁ DE CONSTAR EL NOMBRE DEL AUTOR.

NO COMERCIAL: NO SE PUEDE UTILIZAR ESTE TRABAJO CON FINES COMERCIALES.

NO DERIVADOS: NO SE PUEDE ALTERAR, TRANSFORMAR, MODIFICAR O RECONSTRUIR ESTE TEXTO.

LOS TÉRMINOS DE ESTA LICENCIA DEBERÁN CONSTAR DE UNA MANERA CLARA PARA CUALQUIER USO O DISTRIBUCIÓN DEL TEXTO. ESTAS CONDICIONES SOLO SE PODRÁN ALTERAR CON EL PERMISO EXPRESO DEL AUTOR. ESTE LIBRO TIENE UNA LICENCIA CREATIVE COMMONS ATTRIBUTION-NODERIVS-NONCOMMERCIAL. PARA CONSULTAR LAS CONDICIONES DE ESTA LICENCIA SE PUEDE VISITAR: HTTP://CREATIVECOMMONS.ORG/LICENSES/BY-ND-NC/1.0/ O ENVIAR UNA CARTA.

ÍNDICE

PRÓLOGO 9

CAPÍTULO 1. LA IBERIA VACIADA 15

CAPÍTULO 2. DECRECIMIENTO Y COLAPSO 44

CAPÍTULO 3. PROPUESTAS PARA LA IBERIA VACIADA 65

CAPÍTULO 4. CONCLUSIONES 89

EPÍLOGO 117

MAPAS 145

BIBLIOGRAFÍA 151

PRÓLOGO

En la mayor parte de su recorrido este libro lo escribí durante las semanas de confinamiento que se nos impusieron a partir de mediados de marzo de 2020. Cierto es que, con anterioridad a esa fecha, había trabajado ya un buen puñado de materiales y me había beneficiado, por añadidura, de conversaciones muy sugerentes con gentes que habitan la Iberia vaciada. Era inevitable, en cualquier caso, que en aquellos días me asaltasen las dudas sobre el interés de estas páginas, tanto más cuanto que, por lógica, no estaba a mi alcance calibrar las consecuencias de las diferentes pandemias —la del coronavirus, la social, la de los cuidados, la financiera, la represiva— que nos acosaban por todas partes.

Tengo la impresión, sin embargo, de que el escenario de trabajo del que acabo de dar cuenta no ha marcado de manera mayor la redacción de esta obra, que tiene su origen principal, y más cercano, en una veintena de charlas que me cupo en suerte desarrollar en 2019. Por razones que se me escapan, recibí un rosario de invitaciones para hablar de decrecimiento, o del colapso que viene, en un puñado de localidades de la España vaciada (en años anteriores me había beneficiado del mismo privilegio en varias ocasiones en el Portugal correspondiente). Comoquiera que en todos esos actos públicos saltó a la palestra —era inevitable— la discusión sobre los problemas del entorno en que se desarrollaban, me pareció que merecía la pena hacer un alto y considerar qué es lo que la perspectiva del decrecimiento, por un lado, y la teoría del colapso, por el otro, nos dicen en relación con esos problemas. Ese alto se proponía satisfacer, si así se quiere, un doble propósito. Por un lado, aclararme a mí mismo los términos del debate en cuestión y, por el otro, bosquejar un borrador que abriese el camino a discusiones, cada vez más urgentes, entre las personas eventualmente interesadas.

Las cosas así, esta obrita ha quedado perfilada en torno a cuatro capítulos. El primero escarba en el concepto, y en los límites, de la *Iberia vaciada*. El segundo se interesa por explicar qué es lo que hay que entender por decrecimiento y por colapso. El tercero propone una reflexión sobre lo que, desde esas dos herramientas, debe hacerse, tal vez, en la Iberia mencionada. El cuarto y último procura, en fin, extraer algunas conclusiones de muy diverso cariz. Tiempo atrás me asaltó la idea, por lo demás, de que, al calor de estas tareas, tenía su interés romper las fronteras y hablar, no sólo de la España vaciada, sino también de las tierras portuguesas que participan de fenómenos y situaciones más o menos similares. En el buen entendido de que no obligo al lector a asumir ningún código valorativo, ni de adhesión ni de repudio, en relación con conceptos —Iberia, España, Portugal— que, todos ellos controvertidos, he empleado con profusión en estas páginas. Agregaré que, aunque la discusión al respecto me parezca un poco bizantina, me he inclinado por emplear antes el adjetivo *vaciada* que el —muy próximo— *vacía*. Lo he hecho en la creencia de que el primero retrata con alguna fortuna un proceso que merece consideración crítica por cuanto tiene cierto carácter intencionado, a merced como se ha hallado del negocio fácil y del designio de olvidar a poblaciones enteras, en tanto el segundo puede prestarse, aunque nada obliga a que sea así, a visiones más asépticas y frías de la realidad. Y ello sin desdeñar el buen sentido de otros calificativos legítimos, como los que nos hablan de una Iberia *despoblada* o de una Iberia *abandonada*[1], pero siempre, por mi parte, con franco rechazo de eufemismos tecnocráticos como el que quiere resumir los problemas que aquí se encaran bajo la etiqueta de un simple y afable *reto demográfico*. No se me escapa que el ámbito semántico de algunos de estos adjetivos se solapa a menudo con el correspondiente a otro de uso tan frecuente como impreciso. Hablo del que se incorpora a expresiones como las que identifican una *España profunda* o un *Portugal profundo*. Me limitaré a anotar al respecto que, aunque el uso común de esas expresiones parece remitir a realidades poco halagüeñas, acaso nuestra percepción al respecto está cambiando en provecho de una lectura menos marcada por las ideologías del progreso y por una modernidad, y una posmodernidad, más bien, y otra vez, vacías. No sé yo si lo contrario de la *España profunda* no será, en otras palabras, una poco afortunada *España superficial*.

Me importa subrayar, y doy un paso más, que en la trastienda de estas páginas se hace valer el designio de contestar algunos tópicos y actitudes. Estoy pensando en la condición propia de tantos historiadores que, fríos y hechizados por el dios del progreso, no han apreciado ningún problema mayor en la desaparición de los bienes comunales y en la concentración consiguiente de la riqueza. Pero lo estoy haciendo también en la actitud de buena parte de la izquierda —de las izquierdas— ante el mundo campesino. Incluyo en ella, por cierto, y muy a mi pesar, a gentes del mundo anarquista que, pese a que la teoría preparaba para otros horizontes, se entregaron a la demonización, o al menos al olvido, de aquél y esquivaron el carácter, a menudo hondamente libertario, de un sinfín

---

1. Véase Campo Vidal, 2020: 111 y ss.

de comunidades radicadas en los cinco continentes. En este orden de cosas dejaré claro que, en el marco de un debate que afortunadamente renace, y que parece hacerlo con fuerza, prefiero idealizar un universo en el que, junto con otros elementos no tan hermosos, se han revelado con frecuencia los fundamentos de una vida sana, tranquila, sencilla, forjada alrededor de relaciones francas y respetuosa del medio natural antes que olvidar lo que significa ese universo. Y lo prefiero por cuanto la realidad correspondiente ha sido invisibilizada, olvidada, negada y menospreciada una y otra vez. Hoy conocemos, entre tanto, muchos de los rasgos propios de la vida urbana, y hay que hacer un esfuerzo inconmensurable —permítaseme la ironía— para idealizarlos.

Conviene que aclare, sin embargo, que en estas páginas no se acomete ninguna consideración cabal de lo que significa, en términos contemporáneos y en clave histórica, el mundo rural. Semejante tarea escapa a mis conocimientos y capacidades. Encontrará el lector observaciones sagaces al respecto en el libro de Marc Badal que aparece recogido en la bibliografía, y en el que se incluyen, por añadidura, numerosas sugerencias de lectura acompañante. Creo que lleva razón Badal cuando señala que para muchas gentes "el campo es la distancia que hay que atravesar. Lo que se ve de soslayo a través de la ventanilla para mantener la ficción de que existen ciudades distintas"[2]. El propio Badal subraya que mientras la ciudad contemporánea ha ido perdiendo los últimos vestigios de ruralidad, infelizmente en el campo se aprecian con fortaleza cada vez mayor los rasgos del medio urbano[3]. No sé, en fin, si es razonable sostener que los campesinos sólo piensan, o sólo pensaban, en el presente, con una vaga idealización del pasado y sin ningún atisbo de un futuro distinto. Para

---

2. Badal, 2017: 19.
3. Badal, 2017: 21.

resolver esa duda, y otras, a buen seguro que hay que leer dos libros que han tenido afortunado y merecido eco, en España, en los últimos años. Me refiero a los que llevan las firmas de Sergio del Molino y Paco Cerdà, el primero de corte literario/cultural/antropológico y el segundo más marcado por los códigos propios del reportaje periodístico. Hay que prestar atención también, con todo, a las obras de algunos de los ensayistas e investigadores —David Algarra, António Borges Coelho, João Camargo, Fernando Collantes, Xosé Constenla, Joám Evans, Julio García Camarero, Isabel Goig, Vítor Lima, Víctor Louro, Vicente Pinilla, Esmeralda Pinto Correia, César Roa Llamazares, Félix Rodrigo Mora, Manuel Rodrigues, Luis del Romero Renau— que cito con profusión en estas páginas, a novelas como las que han publicado Maria Barbal, Jesús Carrasco, Miguel Delibes, Luis Mateo Díez, Julio Llamazares, Xosé Neira Vilas, Juan Pablo Ruiz o Miguel Torga, y a crónicas y memorias como las que han entregado a la imprenta Emilio Barco, Emilio Gancedo, Alejandro López Andrada, Virginia Mendoza, Josep Pla, José Rentes de Carvalho y María Sánchez. Los textos correspondientes aparecen mencionados, de nuevo, en la bibliografía final. No es éste mal lugar para agradecer la generosidad del ya citado Sergio del Molino, de Vanesa Jiménez, de *Ctxt*, y de Víctor Sáenz-Díez, de Pepitas de Calabaza, en lo que se refiere a la autorización para reproducir algunos de los mapas que se recogen al final de esta obra.

    Termino, y lo hago de la mano de algo que señalé al principio: estas páginas mucho le deben a conversaciones personales desarrolladas durante un buen puñado de años. En ellas se ha hecho valer de todo, un poco a la manera de las opiniones que recoge Paco Cerdà en *Los últimos. Voces de la Laponia española*[4]. Las hay de quienes acogerían con los brazos abiertos el aprestamiento de un

---

4. Cerdà, 2016.

circuito de Fórmula 1 delante de su casa, como las hay de quienes resisten numantinamente —muy apropiado parece, en este contexto, el adverbio de modo—, conscientes de lo que hacen y de su valor. Recuerdo que hace años escuché con arrobo a un amigo andaluz de cierta edad quien, recién jubilado, me explicó que el mayor error de su vida fue abandonar su hogar y su pueblo en Córdoba para sumarse a la vorágine de la industria, de las naves de producción, de la ciudad-dormitorio y de los créditos en las afueras de Valencia. Según su testimonio —no albergaba ninguna duda al respecto—, más le hubiera valido quedarse en su localidad de origen, al amparo de una vida plena aunque modesta. Pero recuerdo también, eso sí, que hace no mucho, y al acabar una de mis charlas en la España semivaciada, un buen hombre, originario de las montañas de León, y un poco pesado, repitió media docena de veces que los urbanitas no sabíamos de qué hablábamos, toda vez que no habíamos tenido la oportunidad de palpar la dureza de la vida en esos pueblos perdidos. Media docena de veces le repliqué que no era mi intención defender, ontológicamente, las bondades del mundo rural, aun cuando tampoco desease ignorarlas. Que lo que guiaba mis palabras era la intuición de que el colapso que viene nos obligaba a retomar, con urgencia, lo que habíamos dejado marchar de forma lamentablemente rápida. De eso es, al cabo, de lo que quiero hablar en este libro. Si la mayoría de los estudios conciben la Iberia vaciada como un producto del pasado, aquí intento escarbar en un futuro tétrico, pero no exento de venturas, como es el vinculado con ese colapso que nos acecha. Con coronavirus y sin él.

CAPÍTULO 1
LA IBERIA VACIADA

Son varias las tareas que me propongo acometer en este capítulo inicial. La primera, obvia, atiende al deseo de delimitar el concepto, moderadamente conflictivo, de *Iberia vaciada*. En la segunda mi objetivo es hincarle el diente a un debate fundamental en relación con esta última como es, inequívocamente, el de la despoblación. En un tercer escalón, y de manera muy breve, procuraré sentar algunas bases históricas que permiten entender la configuración de la Iberia mencionada. El texto termina, en suma, con una consideración de cuáles son los espacios geográficos que, conforme a diferentes visiones, corresponde situar dentro del término objeto de mi atención.

EL CONCEPTO

Mi aspiración en este epígrafe —y en el conjunto de esta obra— no es considerar críticamente el concepto de *Iberia vaciada*. Mi objetivo, más modesto, es recordar algunos hechos que atribuyen singular complejidad a ese concepto y que, llegado el caso, nos invitan a emplearlo con alguna prudencia. Me permitiré formular, al respecto, cuatro observaciones.

1. Aun cuando resulta evidente que el concepto que me ocupa remite a una discusión central, la de la despoblación, que me interesará de manera más extensa unas páginas más adelante, sería un error circunscribirlo a lo que invoca esa discusión. Y es que hay un puñado de debates aledaños que se presentan, si así se quiere, como un paquete de perfiles difusos. Cuando pensamos en la Iberia vaciada nuestras reflexiones no se ciñen a una estricta discusión demográfica que identifica reducciones en el tamaño de la población humana. Tenemos en mente, antes bien, un abanico de hechos que hablan, sí, de envejecimiento de los habitantes, de la emigración de la juventud, de bajas tasas de natalidad y de niveles altos de mortalidad, pero que lo hacen también de patrones poblacionales previos, de exiguos niveles de renta, de lacerantes desigualdades, de precarios sistemas de transporte y comunicación, de la ausencia de sectores de la economía distintos de la agricultura y la ganadería, del ascendiente de unos u otros núcleos urbanos más o menos lejanos, de los problemas que acosan a la sanidad, a la educación y a las pensiones, del relieve que alcanza el desempleo, de singulares modelos de consumo o de la imagen propia, a menudo poco estimulante, que alimentan los habitantes de las áreas afectadas. Aunque, como acabo de sugerir, nos encontramos ante un paquete lleno de sorpresas, tiene uno derecho a adelantar la intuición de que, pese a ser causa y efecto de todo ello, lo de la despoblación acaso no es, en sí mismo, el hecho fundamental. Me limitaré a señalar que hay ejemplos de espacios geográficos que no pierden población y, sin embargo, acogen problemas como los que acabo de mencionar. Así, y por ejemplo, muchos municipios andaluces.

2. La segunda de mis apreciaciones da cuenta de la dificultad de medir lo que significa, y dónde se concreta, el vaciamiento poblacional que nos atrae. Al respecto son varios los factores que conviene evaluar: ¿cuál es la intensidad, y

cuál el ritmo, de reducción de la población? Esa reducción, ¿se manifiesta desde hace mucho o tiene un carácter más bien reciente? ¿Se hace valer en un escenario marcado por densidades poblacionales relativamente altas o, por el contrario, se revela en lugares con una baja densidad? Más allá de estas incógnitas hay una principal: ¿cuál es la unidad territorial de la que debemos servirnos, y mezclo realidades españolas y portuguesas, a efectos de medir la despoblación: el municipio, la comarca, la provincia, el distrito, la comunidad autónoma o la región? (véase mapa 1). Como se verá un poco más adelante, la opción en provecho de unas u otras de estas posibilidades conduce a conclusiones a menudo diferentes.

Baste ahora con proponer un par de ejemplos que apuntalan lo que acabo de decir. Cuando se emplea como unidad de análisis, en España, la provincia, parece darse por descontado, frente a todas las evidencias, que las instancias correspondientes son razonablemente homogéneas. La Rioja, que es una comunidad autónoma uniprovincial, acoge en su interior, sin embargo, dos realidades bien distintas: mientras las tierras situadas a orillas y al norte del Ebro a duras penas puede considerarse que forman parte de la Iberia vaciada, las emplazadas al sur de ese río responden cabalmente a lo que reclama este concepto. Vaya el segundo de los ejemplos que anunciaba: en la región Norte de Portugal se hacen valer circunstancias tan dispares como las propias de la ciudad de Oporto y de su área metropolitana —claramente alejadas de los códigos descriptores de la Iberia vaciada— y la característica de un distrito tan pobre y envejecido como es Trás-os-Montes, manifiestamente inmerso en esa Iberia. Me permito agregar, en fin, que, como cabía esperar, en los espacios geográficos que me interesan hay discontinuidades, de tal manera que se hacen valer lugares en los que los rasgos de la Iberia vaciada están presentes de forma cristalina junto con otros de los que no puede decirse lo mismo.

3. Abordo la tercera de mis consideraciones, que en este caso me obliga a sopesar una discusión que mucha relación guarda con lo que ahora me atrae. Me refiero al significado que hay que atribuir a *lo rural*, un concepto que en alguna medida se solapa con el de la *Iberia vaciada*. Collantes y Pinilla, cuya reflexión es tributaria de la de los sociólogos Falk y Lyson, subrayan que al adjetivo *rural* le pueden corresponder tres acepciones: una demográfica —habla de pequeños núcleos de población y de baja densidad de ésta—, otra ocupacional —remite a la especialización en el sector agrario— y una tercera cultural —identifica un proceso uniformizador en torno a determinados valores tradicionales—[1]. Esos dos autores, los primeros, sugieren que empleemos como criterio el que apunta que son rurales los municipios con menos de diez mil habitantes, no sin señalar que ese umbral es, ciertamente, discutible. Hay municipios con una población superior a ésa que cabe entender que son rurales, de la misma suerte que los hay con una población inferior que no cabe descartar, en buena medida por ubicación, que sean urbanos.

Según otra lectura de los hechos, la Iberia rural, y presuntamente vaciada, la configurarían aquellos espacios que no están en condiciones de asumir alguna de las tres funciones que Perrier-Cornet y Hervieu asignan al medio correspondiente: rural-recurso, rural-medio de vida y rural-naturaleza. La primera acoge actividades productivas varias, como las relativas a agricultura, ganadería, madera, materiales de construcción, energía, minería o industria varia. Muchas veces esta función se despliega en el marco de la agroindustria. Si esta última es común en muchos espacios del interior, afecta, cierto que con dimensiones más modestas, y me ciño al caso español, al sector vinícola en La Rioja y en Navarra, al porcino en Gerona, a

---

1. Collantes y Pinilla, 2019: 28.

la producción lechera en Asturias, Cantabria, Galicia y el País Vasco, y al olivar en Andalucía, al amparo de lo que a menudo ha sido la conversión del ganadero, o del agricultor, en obrero agrícola. Pero, en relación con esta primera función, hay que llamar la atención, también, sobre el papel de sumidero —vertederos, cementerios nucleares, depuradoras, plantas de reciclaje...— que se atribuye a muchos espacios rurales. La segunda de las funciones la aportan recintos dedicados a residencia y esparcimiento. En lo que en ocasiones eran espacios rurales de enorme riqueza natural y patrimonial han emergido gigantescas urbanizaciones que perfilan realidades más bien urbanas. A ello se suma la *turistificación* de recintos muy amplios en el interior y, sobre todo, en las costas. La tercera función, en fin, llegaría de la mano de lugares que propician la conservación de la diversidad biológica, el agua y el aire, o que permiten hacer frente a riesgos naturales. Claro es que toda la caracterización de la que acabo de dar cuenta parece concebir lo rural como un apéndice de lo urbano y sus demandas[2].

Intento formular una conclusión relativa a esta discusión: aun a sabiendas de que no toda la vida rural se ciñe a la agricultura y a la ganadería —no puede menoscabarse, sin ir más lejos, el peso de la industria y de los servicios—, parece que el concepto de *Iberia vaciada* se medio solapa con el de Iberia rural, en el buen entendido, claro, de que no toda la Iberia rural experimenta un proceso de despoblación.

4. Agrego un comentario, sucinto, sobre una realidad portuguesa. Si en España se registra, desde hace unos años, un debate razonablemente vivo sobre la despoblación y materias afines, y han surgido movimientos que pretenden encarar los problemas correspondientes, ese debate

---

2. Romero Renau, 2018: 189-190, y 195.

falta, o es mucho más débil, en Portugal. Una de las consecuencias de esa disparidad es que en el caso portugués los desgloses regionales, y por distritos, de los datos estadísticos son menos frecuentes que en el español. Bastará con que recuerde que, siendo cierto que en Portugal hay estudios sugerentes sobre la pobreza, el envejecimiento y la desertificación —que son todas ellas materias que guardan relación con la despoblación—, al menos en lo que se refiere a las dos primeras cuestiones no es frecuente que incorporen consideraciones de carácter territorial[3]. Por detrás habrá quien invoque la inferencia de que, siendo España un país más grande, en su caso se hace poco menos que inevitable buscar desgloses *regionales*, que, sin embargo, se antojarían menos necesarios en lo que hace a Portugal.

Lo que acabo de contar me obliga, en las páginas que siguen, a asumir una decisión de algún relieve que afecta, ante todo, al epígrafe cuarto de este capítulo, esto es, a aquel que se interesa por determinar cuáles son los espacios geográficos propios de la Iberia vaciada. Mientras, en lo que hace al escenario español, las categorizaciones están ya establecidas y entiendo que mi tarea consiste, sin más, en dar cuenta de su sentido, no puedo operar de la misma manera en lo que atañe al panorama portugués, en relación con el cual me veo obligado a desplegar una consideración estadística que, más prolija, no acierta a despejar, aun así, todas las incógnitas que se presentan.

---

3. Apenas hay consideraciones expresas sobre la dimensión territorial de la pobreza en Brandão, 2014; Diogo, Castro y Perista, 2015; Mónica, 2018, y Valente Rosa, 2012, o en textos más generales como Amaral, 2010; Amaral, 2014, y Valente Rosa y Chitas, 2010. En lo que respecta a los incendios forestales y a la desertificación en Portugal pueden consultarse Camargo, 2018; Louro, 2016a; Louro, 2016b, y Pinto Correia, 2016.

LA DESPOBLACIÓN

Prometí ocuparme, y acometo ahora la tarea correspondiente, del fenómeno de la despoblación[4]. El lector permitirá que, aunque hay elementos comunes a los dos escenarios, lo haga formulando primero un puñado de observaciones sobre el caso español para a continuación referirme al portugués. No sin antes subrayar, eso sí, que muchos de los problemas que se revelan en la Iberia vaciada remiten a la existencia de dos grandes núcleos de población, Madrid y Lisboa, que han operado como aspiradores de gentes y de riquezas, desangrando buena parte del territorio de los Estados respectivos. En esa tarea se han visto amparados por un discurso político y mediático que comúnmente nada malo ha apreciado en ello.

1. *España*. Es verdad que en el caso español se ha registrado un descenso constante del porcentaje de la población rural —entiendo por tal la residente en municipios con menos de diez mil pobladores— sobre el total de habitantes. Si aquélla era un 68 por ciento de ese total en 1900, se situó en un 49 por ciento en 1950, alcanzó un 24 por ciento en 2001[5] y se emplazó en un 21 por ciento en 2013[6]. Pero la despoblación que aquí me interesa se abrió camino fundamentalmente en los años que separan 1950 y 1990, al calor de un descenso de la natalidad, de un envejecimiento general y de la emigración de muchos jóvenes. Collantes y Pinilla señalan que a partir de 1991 la población de las *comunidades rurales* creció en cifras absolutas, y ello aun cuando diez años después fuese, en términos relativos, menor que la del año mencionado. De por medio se hallaba un fenómeno del que conviene tomar nota: en la

---
4. Véase Goig, 2002.
5. Collantes y Pinilla, 2019: 48.
6. https://www.indexmundi.com/es/datos/españa/población-rural

década de 1990 muchas comunidades inicialmente rurales se convirtieron en urbanas[7]. La despoblación de la segunda mitad del siglo XX en el ámbito rural se reveló en el norte —Galicia, Asturias, Cantabria y País Vasco—, en el centro —las dos Castillas, La Rioja, Aragón, Extremadura, Madrid y la provincia de Lérida— y en Andalucía, pero no en la costa mediterránea que va desde Gerona hasta Murcia[8]. Por lo demás, Collantes y Pinilla, que manejan como unidad de análisis la provincia, distinguen entre éstas las que acogen ciudades grandes —Barcelona, Madrid, Málaga, Sevilla, Valencia y Zaragoza—, las que sólo cuentan con ciudades pequeñas —Ávila, Cáceres, Ciudad Real, Cuenca, Gerona, Guadalajara, Huesca, Lugo, Palencia, Segovia, Soria, Teruel, Toledo y Zamora— y las restantes, que muestran centros urbanos de tamaño intermedio[9]. Entienden esos autores, en fin, que entre 1950 y 1991 hubo quince provincias que perdieron más del 40 por ciento de su población rural: Albacete, Ávila, Badajoz, Burgos, Cáceres, Cuenca, Guadalajara, Lugo, Orense, Palencia, Salamanca, Segovia, Soria, Teruel y Zamora[10]. Aun con las distorsiones provocadas por el empleo de la provincia como unidad de análisis, parece que ésta es, en esencia, la España vaciada, en el buen entendido de que no todo el territorio afectado tiene que incluirse en el concepto y de que no falta, por el contrario, territorio de otras provincias que podría encajar en aquél.

Recapitulemos, con todo, lo ocurrido a partir de mediados del siglo XX. Y hagámoslo para recordar que con posterioridad a 1950 se introdujeron cambios importantes en buena parte de la actividad agraria. El número de tractores y cosechadoras creció rápidamente, se incorporaron nuevas

---
7. Collantes y Pinilla, 2019: 54.
8. Collantes y Pinilla, 2019: 56 y 58.
9. Collantes y Pinilla, 2019: 62. Cierto es que Gerona y, en su caso, Lugo no son tan pequeñas.
10. Collantes y Pinilla, 2019: 65.

herramientas en el terreno biotecnológico y se expandieron las superficies de regadío, con crecimiento paralelo de los cultivos hortofrutícolas en detrimento de los cereales[11]. Aunque los niveles de productividad, de resultas, mejoraron, no lo hicieron de manera suficiente como para detener, en términos globales, el éxodo de población rural camino de las ciudades. El ingreso medio de los hogares en las zonas rurales seguía siendo sensiblemente más bajo —un 25-30 por ciento inferior— que el de las áreas urbanas[12], y ello pese a las mejoras registradas en las primeras.

La irrupción de una democracia liberal luego de 1975 no supuso ningún cambio mayor en lo que respecta a la apuesta gubernamental por la modernización y capitalización de grandes explotaciones, por mucho que acarrease, eso sí, la irrupción de diferentes formas de sindicalismo agrario[13]. Siguió perviviendo el lema que rezaba *menos agricultores y más agricultura*[14]. El escenario supuso un nuevo golpe de gracia para lo que quedaba de la agricultura y de la ganadería tradicionales, que se servían —como veremos más adelante— de métodos de producción extensivos desplegados en pequeña escala. Cuando los protagonistas de esa agricultura y esa ganadería emigraron, sus tierras fueron adquiridas por grandes propietarios o, simplemente, quedaron abandonadas[15].

Conviene agregar, con todo, que entre 2000 y 2008 el número de inmigrantes que decidieron radicarse en zonas rurales se elevó a 750.000, con presencia singularmente fuerte del fenómeno en el litoral mediterráneo, el valle del Ebro, Madrid y las provincias limítrofes, y los dos archipiélagos[16]. Aunque en términos generales, y en esos años, encontró freno la despoblación rural, doce provincias

---

11. Collantes y Pinilla, 2019: 102-103.
12. Collantes y Pinilla, 2019: 115.
13. Collantes y Pinilla, 2019: 140-141.
14. Collantes y Pinilla, 2019: 160.
15. Collantes y Pinilla, 2019: 172.
16. Collantes y Pinilla, 2019: 180.

siguieron perdiendo habitantes en ese ámbito[17]. No sólo se trataba, con todo, de eso: el crecimiento poblacional parecía afectar de manera mucho más clara a municipios de cierto tamaño que disfrutaban de una economía más o menos diversificada, y no a las localidades más pequeñas, que seguían perdiendo población[18]. Las cosas como fueren, entre 1991 y 2016 la población rural absoluta subió de 8.400.000 personas a 9.100.000, en el buen entendido de que el grueso de ese incremento correspondió al área mediterránea y, en menor medida, a algunas de las provincias del interior y a Andalucía, con retroceso poblacional, en cambio, en las del norte[19]. Verdad es, por añadidura, que si entre 2000 y 2008 la población rural creció de manera sensible, a partir del segundo año, con la crisis en curso, experimentó un flujo de signo contrario. En este último proceso fue decisivo, con toda evidencia, el hecho de que dejasen de llegar inmigrantes foráneos y se marchasen algunos de los que habían arribado en los años anteriores[20].

España ha sido escenario de una industrialización tardía acompañada de una despoblación rural también tardía, como la operada en la segunda mitad del siglo XX. Tal y como lo recuerda Luis del Romero Renau, en Europa la historia rural de los dos últimos siglos —habrá que volver sobre el argumento— es la historia de la decadencia de los bienes comunales, de los rebaños, de la trashumancia y de la ganadería extensiva[21]. Es la historia del declive de numerosas sociedades rurales, y en particular de las radicadas en las áreas montañosas[22].

2. *Portugal*. Al igual que sucede en España, y sin excepciones, la población de los distritos del interior portugués

---

17. Collantes y Pinilla, 2019: 181.
18. Collantes y Pinilla, 2019: 185.
19. Collantes y Pinilla, 2019: 215.
20. Collantes y Pinilla, 2019: 217.
21. Romero Renau, 2018: 48.
22. Romero Renau, 2018: 50.

creció, con algún atranco en la década de 1910, hasta 1950-1960, momento a partir del cual empezó a recular. Baste con recordar, a modo de ejemplos, que el distrito de Bragança contaba con 158.900 habitantes en 1864, con 230.300 en 1960 y con 157.800 en 1991. En Beja las cifras correspondientes eran de 135.500, 286.800 —en 1950— y 169.400. En Portalegre ascendían a 95.700, 196.900 —de nuevo en 1950— y 134.200. En términos generales, si la población de los ocho distritos afectados era de 1.424.900 habitantes en 1864, pasó a ser de 2.359.900 en 1950 y de 1.680.400 en 1991[23].

En el conjunto portugués, y por otra parte, la población no creció, sino que se estancó, en los tres primeros lustros del siglo XXI[24]. Portugal acogió, en términos absolutos y relativos, un número de inmigrantes sensiblemente inferior al español. Según una estimación, a finales de 2014 había en el país 390.000 extranjeros, frente a los 5.073.000 registrados en España[25]. El número de extranjeros regularizados era de 422.000 en 2018[26]. Entre 2013 y 2018 todas las regiones portuguesas, con la única excepción del área metropolitana de Lisboa, perdieron habitantes[27]. Por detrás se hacían valer fenómenos como una baja natalidad y la emigración de población fundamentalmente joven. La tasa de natalidad en 2018 era visiblemente más alta en el área metropolitana de Lisboa (10,4 por mil) y en el Algarve (9,9) que en la región Norte (7,7), el Alentejo (7,6) y el Centro (7,2)[28]. La natalidad más baja se registraba, por lo demás, en el interior del Norte —Alto Tâmega, Douro y Terras de Trás-os-Montes— y, con niveles livianamente más altos, en el interior de la región Centro —Beiras e Serra da Estrela, Beira Baixa, Médio Tejo y Viseu Dão-Lafões—[29].

---

23. Valério, 2001: 56-58.
24. Grazia Tanta, 2016b.
25. Grazia Tanta, 2016b.
26. Bourdon y Léonard, 2019: 236.
27. Instituto Nacional de Estatística, 2019a: 20.
28. Instituto Nacional de Estatística, 2019a: 40.
29. Instituto Nacional de Estatística, 2019a: 160.

Si en 2000 sólo un 9,9 por ciento de la población residía en regiones en las cuales se registraba pérdida de población, el porcentaje era de un 72,9 por ciento en 2015. O, lo que es lo mismo, la mayor parte del país perdía habitantes[30]. Según una estimación, en fin, Portugal verá cómo su población se reducirá hasta 2080, pasando de los 10.300.000 habitantes de 2018 a 7.900.000 en el año mencionado. Conforme a ese pronóstico, la población bajará de diez millones de habitantes en 2033[31]. Entre 2018 y 2080, por otro lado, el número de personas con más de 65 años de edad crecerá desde 2.200.000 hasta 2.800.000[32]. En estas estimaciones no se computa, claro, un eventual y general colapso.

EL ESCENARIO HISTÓRICO

En este epígrafe propongo una rápida incursión que en esencia pretende rescatar un puñado de datos históricos. Pongo al lector sobre aviso de que más adelante, en el capítulo tercero, volveré sobre dos cuestiones que están en el núcleo de estas reflexiones: los bienes comunales, por un lado, y los concejos, por el otro. Téngase presente que los primeros permitían mantener granados equilibrios ecológicos, modulaban inteligentemente los cambios demográficos y se asentaban, en suma, en arraigados principios de cohesión social.

Lo ocurrido a partir de los siglos XVIII y XIX con muchas agriculturas europeas acarreó que fuesen también muchos los campesinos que se convirtieron en obreros agrícolas o, sin más, en campesinos sin tierra[33]. El proceso, realizado en provecho de grandes propietarios, adquirió

---
30. Grazia Tanta, 2016a.
31. Instituto Nacional de Estatística, 2019a: 30.
32. Instituto Nacional de Estatística, 2019a: 32.
33. Romero Renau, 2018: 73.

carta de naturaleza singular, en el escenario español, en lugares como Andalucía, Extremadura, La Mancha y Canarias[34], y, en el portugués, en el Alentejo. A lo anterior se agregaron otras muchas circunstancias que contribuyeron a degradar, y no sólo en esas regiones, la situación del campesinado. Mencionaré entre ellas un sistema impositivo que detrajo riqueza del mundo rural, castigó en particular a pequeños y medianos propietarios, y apenas aportó nada a cambio, como lo testimonian la debilidad de las prestaciones sanitarias y educativas dispensadas. Hablaré también de una apuesta por un sistema de infraestructuras que se desentendió visiblemente del campo. Este último no se vio beneficiado por los recursos —materias primas, electricidad...— que de él se extraían, como lo certifican lo ocurrido con muchos pueblos que desaparecieron para construir embalses o lo sucedido al calor de tantas explotaciones mineras. Y terminaré con el recordatorio de las secuelas de numerosos conflictos bélicos y de violencias varias.

Así las cosas, las formas de organización campesina experimentaron ataques constantes, infelizmente eficientes, en muchos lugares de la Europa de los siglos XVIII y XIX, en un escenario marcado por la exaltación de la propiedad privada, por el apoyo estatal —legal y represivo— a los *nuevos* propietarios y por proyectos de carácter centralizador como el que, en lo que hace a los municipios, cobró cuerpo en Portugal, con altibajos posteriores, en 1832[35]. Las víctimas de la desaparición de los espacios comunales se vieron condenadas, en cambio, a la condición de braceros obligados a vender su fuerza de trabajo, a menudo al amparo de una explotación extrema, o a la de emigrantes que buscaron el camino de las ciudades o decidieron cruzar el océano. A duras penas puede sorprender que se hicieran valer resistencias muy duras, como las que

---

34. Romero Renau, 2018: 74.
35. Saraiva, 1979: 291-292.

James C. Scott retrata de la mano del concepto de las *armas del pobre*: la caza furtiva, los motines, la destrucción de las propiedades y de la maquinaria de los señores[36] o, en otros contextos, la negativa a entregar información, la nula colaboración con las autoridades, el sabotaje, el trabajo renuente, la destrucción de los vallados, los incendios o el encubrimiento de infractores[37]. Hubo, con todo, respuestas más vertebradas, que en algunas ocasiones revelaron llamativas combinaciones. Es el caso, en España, del carlismo, un movimiento tradicionalista y rotundamente rural, pero al mismo tiempo antiliberal y, en muchos sentidos, anticapitalista, defensor de muchas realidades autóctonas frente a la lógica del Estado centralizado. Como lo es, en Portugal, y por rescatar un ejemplo, de la revuelta que, en 1846, se identificó con el nombre de Maria da Fonte.

En el proceso que me interesa fueron vitales los efectos de las desamortizaciones. En el caso español la desamortización benefició ante todo a aristócratas, campesinos ricos y miembros de las burguesías locales, si bien es cierto que la ampliación del mercado de tierras y la reducción del precio de éstas beneficiaron también a algunos pequeños agricultores[38]. Las cosas como fueren, entre un 34 y un 46 por ciento de las tierras comunales acabaron en manos privadas en España entre 1855 y 1924. Las secuelas principales fueron una activa concentración de la propiedad, un incremento sustancial de la producción de trigo, sin mejoras en la productividad correspondiente, y un notable avance de la deforestación. Las víctimas mayores las aportaron los campesinos pobres, que hasta entonces se habían servido de los bosques como fuente de leña, pastos y caza. La pérdida de vegetación en los montes se tradujo en la desaparición de los obstáculos que se habían

---

36. Roa Llamazares, 2017: 33.
37. Cit. en Roa Llamazares, 2017: 102.
38. Naredo, 1971: 23-34.

forjado frente a las lluvias torrenciales; éstas se llevaron las capas más fértiles del suelo y aceleraron la desertificación[39]. Las circunstancias y los efectos de la desamortización no fueron diferentes en Portugal. Como cabía esperar, la registrada en 1834 no benefició a campesinos pobres e indigentes, sino, antes bien, a los campesinos aposentados y a las clases medias. En la interpretación de Bourdon y Léonard, al cabo las tierras afectadas pasaron, sin más, del clero a la burguesía comercial[40] en un escenario en el que —conviene no olvidarlo— en 1850 las tres cuartas partes de la población, pese a que había cierto flujo migratorio hacia las ciudades[41], vivían —malvivían— de la agricultura en Portugal[42]. En el país se hacían valer, por lo demás, diferencias importantes en el régimen de propiedad entre el norte minifundista y el sur latifundista.

Roa Llamazares ha subrayado que el procedimiento de aniquilación de los comunales recuerda mucho a las prácticas coloniales. Apunta al respecto este autor algunos de los supuestos en los que se asentaba, en ambos casos, la lógica colonizadora:

(i) los nativos son incapaces de gestionar racionalmente los recursos naturales a causa de su mentalidad atrasada e ignorante; (ii) es imprescindible romper las tendencias al autoconsumo y obligarlos a que se especialicen en productos que interesen a los mercados globales; (iii) la apertura a nuevas técnicas, capitales y emprendedores acelerará el deseado cambio de mentalidades; (iv) una administración eficiente y una mano de obra abundante y barata garantizarán el impulso a una feliz integración económica[43].

---

39. Roa Llamazares, 2017: 39-40.
40. Bourdon y Léonard, 2019: 128-130.
41. Saraiva, 1979: 311-312.
42. Freire Costa, Lains y Münch Miranda, 2011: 301.
43. Roa Llamazares, 2017: 84.

La conclusión está servida: las víctimas de todas estas fórmulas —los integrantes de un sinfín de comunidades humanas en África, los beneficiarios postreros de los desaparecidos bienes comunales ibéricos— eran mucho más felices antes de su aplicación. Pareciera como si, en la trastienda, se impusiera la conclusión de que "la humanidad ha ido transitando desde formas de organización muy variadas y complejas, pero generalmente comunitarias y escasamente jerarquizadas, a Estados-Nación centrales, periféricos o coloniales"[44].

Me permito añadir que, en un escenario temporalmente más próximo, y dando un nuevo salto cronológico, durante el franquismo se abrieron camino en España procesos nefastos. Se propició un éxodo masivo de población y se desplegaron políticas —la de construcción de pantanos, por ejemplo— que ante todo obedecían al objetivo de satisfacer las necesidades de los medios urbanos. Pese a la retórica oficial, el franquismo ratificó la desaparición de muchas de las formas de vida tradicionales. Alentó un crecimiento espectacular de la población de tres provincias —Madrid, Barcelona y Vizcaya—, e importante en otras cuatro —Valencia, Zaragoza, Sevilla y Málaga—, acompañado de un crecimiento moderado, pero cierto, del número de habitantes de las restantes capitales[45]. Doce provincias que, en virtud de alguno de los criterios al uso, forman parte de la Iberia vaciada —Ávila, Burgos, Cuenca, Guadalajara, Huesca, León, Palencia, Salamanca, Segovia, Soria, Teruel, Zamora— vieron confirmada su agonía demográfica, que se hizo valer también en la Galicia oriental[46].

Las circunstancias, de nuevo, no fueron muy diferentes en el Portugal de Oliveira Salazar. Pese a la retórica tradicionalista y ruralista del régimen, el campo portugués acabó por experimentar un activo proceso de despoblación, las

---

44. Romero Renau, 2018: 20.
45. Molino, 2016: 61.
46. Molino, 2016: 63.

más de las veces en provecho de la emigración a varios países europeos o a Brasil, a lo que se sumaron —a diferencia de España— los efectos postreros de la guerra colonial[47]. De por medio se hicieron valer un visible estancamiento agrícola, la precariedad de las inversiones y de la mecanización —al menos hasta la década de 1960—, una inquietante desertificación y crecientes desfases con respecto al medio urbano[48]. Y eso que el sector primario seguía teniendo un notabilísimo relieve, como lo testimonia el hecho de que en 1960 acogía nada menos que un 50 por ciento de la población activa[49]. El *Estado Novo* no dudó en atacar, por otra parte, los espacios comunales, que interpretó eran lo que rezaba, estrictamente, el término portugués con el que se designaban, *os baldios*, de tal suerte que configuraban superficies de las que, abandonadas, no se extraía ningún provecho[50]. Verdad es que, luego de desaparecer, tras la revolución de 1974, el régimen salazarista, se abrieron camino un activo proceso de ocupación de tierras por campesinos y, en 1977, una ley de reforma agraria, cierto que de consecuencias muy limitadas. Conforme a una interpretación, en los hechos esa ley obedeció al propósito principal, satisfecho, de permitir que muchos de los antiguos propietarios recuperasen las tierras que habían perdido poco antes, todo ello en detrimento de las llamadas *unidades colectivas de producción*[51].

No parece que las iniciativas de la Unión Europea, y en singular la Política Agraria Común (PAC), ayudasen a resolver los problemas. Aunque, en lo que a cifras globales se refiere, permitieron garantizar cierta soberanía alimentaria general en la Unión, las fórmulas aplicadas alteraron por completo el esquema, razonablemente autárquico, de las

---

47. Bourdon y Léonard, 2019: 170.
48. Saraiva, 1979: 355-356; Freire Costa, Lains y Münch Miranda, 2011: 387.
49. Sardica, 2011: 101.
50. Brouwer, s. d. El término en cuestión tiene uso amplio, también, en castellano.
51. Bourdon y Léonard, 2019: 195-196.

economías locales, que hoy en modo alguno podrían mostrarse autosuficientes en un escenario de colapso[52]. Como es sabido, y por añadidura, los responsables de la Unión Europea concedieron formidables subvenciones a un puñado de privilegiados, mientras reducían los recursos al alcance de las colectividades locales. No es difícil identificar, en fin, las razones que vienen a explicar el forjamiento de un panorama poco afortunado: una globalización no igualitaria, el predominio de los intereses de determinados grupos económico-financieros, la fragilidad y falta de independencia del poder político, y las medidas de recorte del gasto social[53].

¿QUÉ ESPACIOS CONFIGURAN LA IBERIA VACIADA?

La determinación de qué es lo que, en términos territoriales, corresponde entender por *Iberia vaciada* es conflictiva. Y lo es, en buena medida, por razones que se han invocado en un epígrafe anterior. Una de ellas —me permito recordarlo— es el espacio geográfico que se emplea como unidad de medida: el municipio, la provincia o el distrito, la comunidad autónoma o la región... En semejantes condiciones, y tal y como ya he señalado, parece que mi obligación no es otra que remitirme, en el caso de España, a algunas de las categorizaciones que se han desarrollado los últimos años, y, en el de Portugal, a lo que cabe entender que es mayormente una propuesta propia.

1. *España*. Creo que a la postre, y con vocación pedagógica, tres han sido las respuestas que, en el caso español, se han formulado en lo que hace a la determinación de dónde empieza, y dónde acaba, la España vaciada.

---

52. Baily, cit. en Serreau, 2012: 84.
53. Rosa, 2015: 183-184.

La primera de esas respuestas bebe de un mapa, muy vistoso, que se incluye en el desplegable que publicó la revista *Ctxt* en 2019 (véase mapa 2)[54]. Si nos acogemos a lo que se retrata en esa publicación, que identifica los municipios que perdieron población entre 2000 y 2018, el grueso del territorio español —un 63 por ciento del total— está cubierto por ellos. ¿Qué áreas escapan a esa pérdida poblacional? Con toda evidencia, y en primer lugar, las costas, con una única excepción: la que aporta la *costa da morte* coruñesa, la del norte de Lugo y la del occidente asturiano. En segundo lugar, y de manera genérica, las capitales de provincia[55]. En tercer término, el valle del Ebro. En un cuarto plano, el grueso del País Vasco y de Navarra. En un quinto estadio, algunas áreas, amplias, de La Mancha y de Extremadura. En un sexto escalón, el valle del Guadalquivir, junto con partes importantes de Huelva y Málaga, y el grueso de la provincia de Cádiz. En un séptimo nivel, la comunidad de Murcia y buena parte del interior de Alicante y Valencia. Y, en fin, y de manera visible, Madrid y su entorno próximo. No faltan, en suma, municipios en proceso de despoblación en Baleares y Canarias[56]. Pareciera, por otra parte, como si el peso de la España vaciada se hiciese mayor a medida que nos movemos cara al noroeste de la península y nos alejamos, de resultas, del sudeste, en el buen entendido, eso sí, de que la densidad de población suele ser mayor en ese noroeste al que me refiero.

La segunda respuesta la aporta Sergio del Molino en su libro *La España vacía*. Para Del Molino, quien utiliza

---

54. Ctxt, 2019.
55. Aun así, y sin mencionar, ciertamente, el momento de la medición y la fuente del dato, Manuel Campo Vidal afirma que nada menos que 27 capitales de provincia pierden población (Campo Vidal, 2020: 19). La impresión que he hecho mía, acaso equivocada, sugiere, sin embargo, que con la mayoría de las capitales de provincia sucede lo mismo que con bastantes cabeceras de comarca, que ganan habitantes en detrimento de los pueblos y aldeas de los alrededores.
56. Ctxt, 2019.

mayormente como unidad de medición la provincia, la realidad que da título a su obra la configuran en esencia la "meseta peninsular" y la depresión del Ebro o, lo que es casi lo mismo, las dos Castillas, Extremadura, Aragón y La Rioja (véase mapa 3)[57]. Me permito apostillar que muchas de esas tierras se caracterizan por una altitud notable y por el carácter extremoso del clima. Del Molino subraya con singular énfasis que estamos hablando de "un país sin mar"[58]. El propio Del Molino identifica, con todo, lo que llama "regiones poco pobladas asimilables a la España vacía"[59] y —agrego yo— colindantes casi siempre con ésta. En esas regiones se darían cita la parte más oriental de Galicia[60], las áreas meridionales de Asturias y Cantabria, el norte de Andalucía y de Murcia, con una parte significada, la no litoral, de la provincia de Almería, y el interior de las provincias de Castellón y Valencia, más algunas áreas septentrionales de Navarra y de Lérida[61]. La España vacía identificada por Del Molino ocupa más de la mitad del territorio español, con algo más de 7.300.000 habitantes, el 16 por ciento de la población. Las únicas ciudades importantes que acoge son Zaragoza —supera el medio millón de pobladores— y Valladolid. Ninguna de las restantes alcanza los 200.000 habitantes. Si —señala Del Molino— restamos la población urbana, quedan algo más

---

57. Molino, 2016: 37.
58. Molino, 2016: 37.
59. Molino, 2016: 38.
60. En 1980 el 80 por ciento de la población gallega vivía en el mundo rural, que abarcaba, por añadidura, las cuatro quintas partes del territorio. Hoy el porcentaje correspondiente es de un 25. En Galicia hay 1.700 núcleos de población abandonados y 9.200 aldeas con menos de diez habitantes. El fenómeno se hace valer ante todo en la parte oriental del país y en el sur de la provincia de Orense. Campo Vidal señala, además, que en las dos provincias gallegas más orientales, y en Zamora, hay más habitantes con edad superior a 75 años que con edad inferior a 25 (Campo Vidal, 2020: 19). Según una estimación, en fin, Galicia ha perdido en la última década una décima parte de sus tierras de labranza (Fernández y Veiras, 2019: 36).
    Fernández y Veiras subrayan, por lo demás, que en Galicia urbanización es sinónimo de litoralización, al amparo de un proceso que se despliega desde Ferrol hasta Tui, y que acoge la mayor parte de la población y de la actividad económica.
61. Molino, 2016: 38.

de 4.600.000 personas o, lo que es lo mismo, uno de cada diez españoles[62].

La tercera, y última, de las respuestas maneja un criterio más restrictivo y queda bien reflejada en el libro de Paco Cerdà que lleva por título *Los últimos. Voces de la Laponia española* (véase mapa 4), aun cuando encuentre eco también en la obra de Del Molino. Este último menciona los trabajos del Instituto Celtiberia de Investigación y Desarrollo Rural de Teruel, que se refieren a un área que, *grosso modo*, abarca Burgos, Cuenca, Guadalajara, La Rioja, Soria y Teruel, más el interior de Castellón y Valencia. Esta región, una suerte de *España hipervaciada*, muestra una densidad total inferior a 8 habitantes por kilómetro cuadrado, sólo equivalente, en Europa, a la del norte de Suecia y Laponia[63]. Cerdà —regresemos a su libro— identifica un área de 65.000 kilómetros cuadrados en Burgos, Castellón, Cuenca, Guadalajara, La Rioja, Segovia, Soria, Teruel, Valencia y Zaragoza, en la que se juntan cinco comunidades autónomas. Se refiere al efecto a la *serranía celtibérica*, un término que remite a pueblos celtas que poblaron la región y resistieron ferozmente a la presión de las legiones romanas. Las más de las veces se trata, una vez más, de tierras altas y de clima riguroso. Agrega Cerdà que, de configurar una comunidad autónoma al uso, la serranía en cuestión sería por superficie la tercera del Estado español, luego de Andalucía y de Castilla y León. La superficie en cuestión es, por lo demás, mayor que la de un buen puñado de Estados europeos[64].

Subraya ese mismo autor que en dicho territorio sólo hay seis poblaciones que superan los 5.000 habitantes —Cuenca, Soria, Teruel, Calatayud, Almazán y el Burgo de Osma— y añade que, en comparación con 1930, si la población española casi se ha duplicado, la de la serranía

---

62. Molino, 2016: 39.
63. Molino, 2016: 50-51.
64. Cerdà, 2016: 9 y 33.

celtibérica se ha reducido a la mitad[65]. Hablamos, por otra parte, de una región montañosa y, conforme a una terminología, "rural y remota", toda vez que más del 70 por ciento de sus núcleos poblacionales se halla a más de 45 minutos en automóvil de una ciudad con población superior a 50.000 habitantes[66]. El hecho, en fin, de que el área geográfica que me ocupa no se corresponda con ninguna unidad político-administrativa —ya lo he señalado— parece haber trabado la recepción de ayudas dispensadas por unas u otras instancias.

Creo que tiene sentido completar la clasificación anterior con una mención precisa de un dato interesante. Me refiero al que aporta la huella ecológica o, al menos, la manifestación de esta última en términos de comunidades autónomas y provincias. En el año 2000, y no hay motivos para concluir que el escenario ha cambiado mayormente, la huella ecológica era muy alta en Baleares, Canarias, Cataluña, Madrid, Murcia, el País Vasco y Valencia, y baja, en cambio, en Aragón, las dos Castillas y Extremadura, cuatro comunidades autónomas que parecen acoplarse con la España vacía de Del Molino[67]. Por lo que a las provincias respecta, las que mostraban una huella ecológica menor eran Teruel, Cáceres, Zamora, Ciudad Real, Guadalajara, Albacete, Palencia, Soria y Cuenca —todas ellas, en un grado u otro, en la Iberia vaciada—, en tanto las que arrastraban una huella mayor eran Barcelona, Madrid, Guipúzcoa y Vizcaya, que precisaban un territorio diez veces mayor que el suyo para mantener la actividad económica al uso. Esto aparte, y con las excepciones de Granada y Almería, la huella ecológica era alta, o muy alta, en todas las provincias del litoral[68].

---

65. Cerdà, 2016: 34.
66. Cerdà, 2016: 37.
67. https://www.footprintnetwork.org/content/images/uploads/Huella%20ecologica%20de%20Espana.pdf
68. https://www.facua.org/es/guia.php?Id=105&capitulo=886

2. *Portugal.* Permitirá el lector que, antes de acometer una consideración sobre el espacio propio del Portugal vaciado —apenas haré observaciones, ya aviso, relativas a los archipiélagos de Azores y Madeira—, llame la atención sobre el escenario general del país, me temo que un tanto idealizado en España. En 2016, un millón de personas vivía en Portugal con menos de 250 euros al mes, y dos millones —una quinta parte de la población— debía hacerlo con menos de 420 euros[69]. De resultas, el año siguiente más de dos millones de personas, sobre un total de diez millones de habitantes, se hallaban en riesgo de pobreza[70]. En 2012, y de entre los miembros de la UE, sólo Estonia y Letonia parecían presentar —pongo alguna cautela de por medio— niveles de desigualdad mayores que los portugueses[71].

Si se incluyen en el cálculo, por otra parte, las 17 comunidades autónomas españolas, más Ceuta y Melilla, y las siete regiones portuguesas, de los territorios peor situados, en 2014-2015, en términos de renta per cápita anual, en euros, seis eran portugueses (Norte, 13.858; Centro, 14.392; Alentejo, 15.039; Azores, 15.111; Madeira, 15.720, y Algarve, 16.628), con el agregado de una única comunidad autónoma española (Extremadura, 16.166). Sólo el área metropolitana de Lisboa, con 22.793 euros, rompía esa regla: ocupaba el puesto octavo, por arriba, de la lista[72]. Portugal es, en suma, uno de los países de la UE con población más envejecida[73], que padece, por añadidura, bajos niveles de renta y de formación. Tres de cada cuatro personas con más de 15 años de edad que no habían terminado ningún tipo de estudios tenía 65 o más años, con un riesgo de pobreza que en el caso de estas personas doblaba al medio[74]. No sólo se trataba, con todo, de eso.

---

69. Mónica, 2018: 195.
70. Rosa, 2015: 99.
71. Mónica, 2018: 200.
72. Grazia Tanta, 2016b.
73. Valente Rosa, 2012: 27.
74. Valente Rosa, 2012: 35.

En 2000 todo Portugal, excepto el área metropolitana de Lisboa, registraba un dato aterrador: más del 80 por ciento de los habitantes con edades comprendidas entre los 25 y los 64 años mostraba un nivel educativo inferior o igual al del primer ciclo de primaria. En aquel momento ninguna comunidad autónoma española exhibía niveles tan bajos. Aunque en 2018 las circunstancias habían cambiado, seguían siendo llamativas: con la excepción de Lisboa y sus alrededores, entre un 40 y un 60 por ciento de la población registraba el nivel educativo mencionado[75].

Tiene sentido —creo— que acopie un puñado de datos que permiten considerar las dimensiones del Portugal vaciado. Diré, por lo pronto, que los relativos a esperanza de vida al nacer[76] y a porcentaje de población por encima de 65 años[77] no parecen perfilar grandes diferencias en el territorio portugués. Ya he recogido algunos medidores sobre despoblación —sugerían que ésta afectaba en 2015 a un 72,9 por ciento del territorio—, sobre renta per cápita —con las regiones Norte, Centro y Alentejo en el furgón de cola— y sobre natalidad —dibujaban una tasa claramente más alta, ahora sí, en el área metropolitana de Lisboa y en el Algarve que en el resto de la geografía del Portugal continental—. Tiene su interés, por otra parte, la información relativa al poder de compra de la población. En 2011, siendo éste de 100 para el conjunto de Portugal, y de 130,9 el de Lisboa[78] —el pico más alto—, el poder de compra presentaba los niveles más bajos en las áreas, todas del

---

75. Grazia Tanta, 2019.
76. En la etapa 2016-2018 la esperanza de vida al nacer resultaba ser algo más alta en el Norte (81,18) y en el Centro (81,11) que en el área metropolitana de Lisboa (80,94), en el Alentejo (80,24) y en el Algarve (79,93). Véase Instituto Nacional de Estatística, 2019a: 82.
77. En 2018, la población con más de 65 años era un 25,5 por ciento del total en el Alentejo, un 24,3 en la región Centro, un 21,8 en el área metropolitana de Lisboa, un 21,6 en el Algarve y un 20,5 en el Norte. No parecía haber diferencias significativas, pues, entre la región privilegiada, Lisboa, y el resto. Véase Instituto Nacional de Estatística, 2019a: 26.
78. Rosa, 2015: 149. La renta per cápita del área metropolitana de Lisboa era, de cualquier modo, mucho más alta que la del área metropolitana portuense.

interior, y todas situadas al norte del Tajo, de Pinhal Interior Sul (64,44), Tâmega (67,15), Pinhal Interior Norte (67,42), Serra da Estrela (69,82), Alto Trás-os-Montes (72,35), Douro (74,08), Beira Interior Norte (76,68) y Viseu Dão-Lafões (78,05). Al sur, y siempre en el interior, el poder de compra era, en cambio, más alto, como lo ilustraban los casos del Baixo Alentejo (81,18), el Alto Alentejo (82,03) y el Alentejo Central (89,62)[79]. Por lo que se refiere, en fin, a la educación, me limitaré a señalar que la presencia de instalaciones escolares no superiores, en 2016/2017, era muy densa en la franja litoral que separaba Viana do Castelo de Setúbal. Se diluía, en cambio, en el sur del país y en todo el interior[80].

Sobre la base de datos como los aportados, creo que puede perfilarse una consideración de cuál es la dimensión geográfica del Portugal vaciado (véase mapa 5). Según la opinión, bien fundamentada, de Vítor Lima, las cuatro quintas partes del territorio portugués se ajustarían a ese concepto. Fuera del Portugal vaciado quedaría la quinta parte restante, configurada en esencia por la franja litoral del país entendida en un sentido amplio. Quiero decir que espacios como los propios de las ciudades de Braga y de Coimbra, aunque situadas a unas decenas de kilómetros del mar, habría que concluir que forman parte de esa franja. El argumento que expreso merece, aun así, dos agregados. Si el primero subraya que acaso conviene restar de esa franja, en cambio, la costa alentejana desde Sines hasta el Algarve, el segundo sugiere que en el *Portugal lleno* pueden tal vez incluirse algunos espacios del interior más o menos cercanos a Lisboa y a Oporto, los dos principales núcleos de atracción del país. Al tamaño de estas dos ciudades hay que contraponer el de los núcleos de población del interior portugués, que revelan un escenario distinto

---

79. Rosa, 2015: 137-148.
80. Instituto Nacional de Estatística, 2019b: 3.

—no me atreveré a calificarlo de mejor o de peor— del propio de la España vaciada, toda vez que en aquél no hay ninguna Zaragoza ni ningún Valladolid. En 2004 despuntaban en el interior de Portugal ocho núcleos de población con más de 15.000 habitantes: Évora (46.000), Covilhã (36.000), Bragança (35.000), Castelo Branco (35.000), Guarda (32.000), Vila Real (27.000), Beja (23.000) y Chaves (19.000). A la lista tal vez puede añadirse el nombre de Viseu (66.000), más emplazada, sin embargo, en el área de influencia de Oporto, Coimbra y Aveiro, esto es, más litoralizada[81].

A manera de lo que he recordado en relación con el caso español, y en cierto paralelismo con el concepto de *serranía celtibérica*, podría identificarse, claro que con cautelas aún mayores que las antes expresadas, un *Portugal hipervaciado*. Lo constituirían, conforme a lo que invocan algunos de los datos que he manejado, las tierras situadas más lejos del mar —en las proximidades de la *raya* fronteriza con España— y al norte del Tajo, en Trás-os-Montes y en las Beiras alta y baja, junto con algunos espacios próximos a la frontera en la cercanía de la provincia gallega de Orense. Estos últimos invitarían a concluir que las tierras vaciadas saltan por encima de esa frontera para alcanzar la Galicia oriental. El Portugal hipervaciado coincidiría, por lo demás, con las áreas más altas del territorio portugués, situadas todas ellas al norte del Tajo. Llamativo resulta, en suma, que los diez municipios más pobres del país, todos emplazados al norte del Mondego, el río de Coimbra, se encontrasen en 2009 en este Portugal hipervaciado. Media docena de ellos estaban en las tierras septentrionales del interior, cercanas a Galicia, y los restantes en áreas algo más meridionales, en las cercanías del Duero o en el centro del país[82]. Conforme a esta

---

81. https://es.wikipedia.org/wiki/Anexo:Ciudades_de_Portugal_por_población
82. https://www.dinheirovivo.pt/economia/os-10-concelhos-mais-pobres-de-portugal-que-todos-os-ministros-deviam-conhecer

percepción, y de manera gruesa, cabría decir que el Portugal hipervaciado sería el producto de restarle el Alentejo al territorio correspondiente al Portugal vaciado al que antes me he referido.

En mi intuición, porque al cabo de tal se trata, la situación del Alentejo, menos crítica y con población más concentrada en pueblos importantes, recuerda acaso a la de buena parte de La Mancha y de Extremadura, y a la de algunas áreas de Andalucía, de adscripción incierta, dentro o fuera, en la España vaciada. En buena parte de los territorios citados se hacen valer, por un lado, pueblos grandes que no pierden población, y, por el otro, y entre ellos, amplios espacios con escasos habitantes, de tal suerte que en términos generales, y hablando en propiedad, no hay despoblación, o es muy liviana, aun cuando se revelen muchos de los fenómenos, ya mencionados, que comúnmente acompañan a aquélla. Las cosas como fueren, y vuelvo al caso portugués, las densidades de población, y restrinjo el argumento a las áreas del interior del país, eran claramente más altas en el norte (75,7 habitantes por kilómetro cuadrado en el distrito de Viseu; 49,7 en el de Vila Real; 30,3 en el de Guarda, y 29,5 en el de Castelo Branco, aunque 21,1 en el de Bragança y 20,1 en el de Portalegre) que en el sur (23,5 en el de Évora; 15,5 en el de Beja)[83].

Cierto es, en fin, que, conforme a una visión de los hechos, en el norte alentejano acaso se manifiestan elementos propios del *Portugal hipervaciado*, y evidente resulta, por otra parte, que la condición de este último no es, al menos en términos comparativos, tan llamativa, por extrema, como la que exhibe la serranía celtibérica. Me atrevo a adelantar, en presunta relación con esta tesis, que el conjunto del territorio portugués se ve al cabo beneficiado por la relativa proximidad del mar, algo que no suele

---

[83]. https://pt.wikipedia.org/wiki/Lista_de_distritos_portugueses_ordenados_por_área

ocurrir en la España vaciada. Es cierto, con todo, que en esta última, y en la propia serranía celtibérica, hay espacios muy cercanos al mar que no por ello se han beneficiado de esa proximidad como presunto elemento atemperador de sus problemas. Baste con recordar lo que ocurre en determinadas áreas de Teruel.

Al igual que lo he hecho en relación con el escenario español, creo que no está de más que incluya aquí alguna observación sobre la huella ecológica portuguesa, que en términos generales se halla un poco por debajo de la española, aun cuando sea, como ésta, visiblemente insostenible. Bastará con señalar que, en 2008, para mantener la actividad económica portuguesa se necesitaba 2,7 veces la superficie del país[84]. A tono con lo que ya he sugerido en relación con el Portugal vaciado, la huella ecológica alcanzaba sus niveles más altos en las áreas metropolitanas de Lisboa y de Oporto, y en el Algarve, y descendía sensiblemente en el resto de regiones y distritos[85].

Acabo estas líneas con la mención de un dato más que, a mi entender, aproxima la condición del Portugal vaciado, en todas sus dimensiones, al escenario español. Me refiero a la información, preciosa, que ofrece el sistema ferroviario (en el Portugal vaciado, y en sentido estricto, no hay aeropuertos). Y es que nunca existió en Portugal un ferrocarril que comunicase, verticalmente, las áreas más orientales del país, a diferencia de lo que ocurrió, en el pasado, en España, y en las regiones más occidentales, al amparo de la llamada *vía de la Plata*. El sistema ferroviario portugués muestra una abrumadora concentración en las áreas metropolitanas de Lisboa y de Oporto, y en general en el litoral, de tal forma que el interior sólo existe como vía de paso hacia España (ése parece ser el propósito, sin

---

84. https://www.researchgate.net/publication/320740999_A_Pegada_Ecologica_das_Cidades
85. Algunos datos sobre la huella ecológica de un puñado de ciudades portuguesas se encontrarán en https://www.pegadamunicipios.pt/resultados

ir más lejos, de la renovada apuesta por la línea Évora-Badajoz). En Portugal como en España —sabido es— se ha procedido al cierre de muchas líneas que se describían como deficitarias. Si la red portuguesa de ferrocarril llegó a alcanzar los 3.600 kilómetros, hoy cuenta con unos 2.500, con un retroceso de un 30 por ciento, fundamentalmente registrado, de nuevo, en el interior[86]. Cierto es que, a diferencia del caso español, Portugal ha mostrado un razonable recelo ante la alta velocidad y se ha inclinado por propiciar un mayor uso del ferrocarril en el transporte de mercancías.

A veces lo que por muchos conceptos podría parecer una anécdota arrastra, sin embargo, su riqueza en forma de expresión gráfica de la condición cabal de un escenario. Recuerda Cerdà en su libro que en la serranía celtibérica sólo se ha hecho valer un equipo de fútbol que haya alcanzado, en las últimas décadas, algún predicamento. Habla, claro, del Numancia de Soria, que ha jugado alguna temporada en la primera división española. Hace años, y en un libro titulado *Comprender Portugal*, me referí a una circunstancia similar vinculada con la naturaleza del interior del país objeto de mi atención. Y es que en la primera división portuguesa faltan llamativamente los clubes afincados en ese interior. Las únicas excepciones han sido —si no estoy equivocado— el Campomaiorense décadas atrás y, de forma más reciente, el Chaves. El fútbol lo dice casi todo.

---

86. Furtado, 2020: 31.

CAPÍTULO 2
DECRECIMIENTO Y COLAPSO

Recojo en estas páginas un breve resumen de lo que rezan la perspectiva del decrecimiento, por un lado, y la teoría del colapso, por el otro. Comoquiera que el propósito mayor de esta obra consiste en aplicar los conceptos y las herramientas que nacen de una y otra a los problemas de la Iberia vaciada, malo sería que diese por descontado que el lector, o la lectora, tiene un conocimiento cierto de lo que preconizan esas dos propuestas. Me limito aquí a reproducir, de manera somera, lo que suelo señalar cuando tengo que hablar, por ahí adelante, de decrecimiento o de colapso.

LA PERSPECTIVA DEL DECRECIMIENTO

Prefiero hablar de perspectiva del decrecimiento, y no de teoría del decrecimiento y menos aún de este último concebido como una ideología[1]. Lo he dicho muchas veces: a mi entender el decrecimiento es un agregado que conviene

---

1. Sobre decrecimiento se pueden leer, en castellano, las obras de Alisa, Demaria y Kallis, 2015; Gadrey, Marcellesi y Barragué, 2013; García Camarero, 2009; García Camarero, 2010; García Camarero, 2013; Hamilton, 2006; Latouche, 2007b; Latouche, 2009a; Latouche, 2009b; Mosangini, 2012, y Ridoux, 2009.

sumar a otras formulaciones teóricas o ideológicas, en la certeza, eso sí, de que se trata de un agregado importante. Cuantas veces he tenido la oportunidad de subrayarlo he señalado que, desde mi punto de vista, cualquier contestación del capitalismo en el inicio del siglo XXI tiene que ser, por definición, decrecentista, autogestionaria, antipatriarcal e internacionalista. ¿Por qué? Porque de lo contrario estará moviendo, acaso contra su voluntad, el carro del sistema que dice y que quiere cuestionar.

1. En la visión común en nuestras sociedades, el crecimiento económico es —digámoslo así— una bendición de Dios. Lo que se nos viene a decir es que allí donde hay crecimiento económico hay también cohesión social, servicios públicos razonablemente asentados y niveles altos de consumo, en un escenario, en fin, en el que la pobreza, la desigualdad y el desempleo no ganan terreno. Sobran —creo yo— las razones para recelar de todas estas supersticiones. En primer lugar, el crecimiento económico no genera, o no genera necesariamente, cohesión social. China, como es sabido, ha crecido notablemente en las tres últimas décadas. No creo que nadie se sirva afirmar, sin embargo, que China es hoy un país socialmente más cohesionado de lo que lo era antes. En segundo término, la relación entre crecimiento económico y generación de puestos de trabajo es mucho más nebulosa de lo que pudiera parecer. Aunque las economías capitalistas desarrolladas han crecido mucho, hasta etapas recientes, en las tres últimas décadas, en ese mismo período han procedido a destruir, en términos numéricos objetivos, puestos de trabajo; hoy hay menos empleos que tres décadas atrás. En un tercer escalón, el crecimiento se traduce muy a menudo en agresiones medioambientales literalmente irreversibles, que configuran, claro, un legado dramático en lo que se refiere a los derechos de los integrantes de las generaciones venideras. En un cuarto plano, y en paralelo

con lo anterior, el crecimiento económico propicia el agotamiento de materias primas básicas que sabemos no van a estar a disposición de los miembros de esas futuras generaciones que acabo de mencionar. En quinto lugar, el crecimiento de los países ricos bebe en un grado u otro del expolio de los recursos humanos y materiales de los países pobres, algo que debiera configurar un problema moral elemental. Añadiré, en fin, que el crecimiento facilita el asentamiento de un genuino modo de vida esclavo en virtud del cual tendemos a pensar que seremos más felices cuantas más horas trabajemos, más dinero ganemos y, sobre todo, más bienes acertemos a consumir. Por detrás de ese modo de vida esclavo se cuentan tres pilares fundamentales: la publicidad, el crédito y, en suma, la caducidad programada de los bienes.

2. Pero la perspectiva del decrecimiento nos invita también a recelar de lo que invocan muchas de las grandes cifras que se nos imponen, con significados que a duras penas acertamos a desentrañar. Bastará con que proponga al respecto un par de ejemplos.

En 2005 el gasto sanitario anual per cápita en Cuba fue de 236 dólares. En ese mismo año el gasto sanitario anual per cápita en Estados Unidos se elevó, en cambio, a 5.274 dólares. Por cada dólar per cápita que se asignaba a sanidad en Cuba se gastaban veinte en Estados Unidos. Y, sin embargo, las cifras cubanas en materia de esperanza de vida al nacer y mortalidad infantil resultaron ser muy similares a las norteamericanas. No sólo se trataba, con todo, de eso. Cada año la Organización Mundial de la Salud elabora un *ranking* en el que pretende considerar cómo los habitantes de los diferentes países valoran los sistemas sanitarios respectivos. En 2005 a Cuba, en ese *ranking*, le correspondía el puesto 36 del planeta, frente al lugar 72 que tocaba a Estados Unidos. Creo que es fácil extraer una conclusión: conforme a nuestro conocimiento económico convencional, si una instancia dedica a determinado menester veinte veces más recursos que otra, por lógica obtendrá prestaciones sensiblemente superiores a las que alcanzará esa otra. El ejemplo que acabo de proponer desmiente el presunto valor universal de esta norma. Para explicar por qué la sanidad cubana es —voy a decirlo así— más eficiente que la norteamericana a buen seguro que habrá que invocar el peso de determinados elementos propios del sistema sanitario en la isla. Pero habrá que prestar atención también, inevitablemente, a determinadas consecuencias inesperadas, y paradójicas, de la escasez y, llegado el caso, de la pobreza. En Cuba, en un escenario de escasez, la dieta alimentaria registra una presencia muy notable de frutas y de verduras, algo que como es sabido no suele ocurrir en las sociedades opulentas y que tiene sin embargo consecuencias positivas en términos del estado de salud general. Lo mismo digo de la precariedad de los transportes en la isla, que obliga a los cubanos a caminar o, en su defecto, a emplear la bicicleta, de nuevo con consecuencias saludables en términos del estado de salud general.

Voy a por el segundo ejemplo que anunciaba. En términos reales la renta per cápita en Estados Unidos es hoy cuatro veces superior a la que se registraba al concluir, en 1945, la Segunda Guerra Mundial. De un tiempo a esta parte, y sin embargo, ha ido creciendo notablemente el porcentaje de ciudadanos norteamericanos que confiesan ser cada vez menos felices. Una encuesta realizada en 2007 —me interesa esta fecha porque antecede al estallido de la crisis financiera internacional, de tal manera que no pueden invocarse los efectos, prolongados, de ésta— concluyó que un 49 por ciento de los estadounidenses declaraba ser cada vez menos feliz, frente a sólo un 26 por ciento que afirmaba lo contrario. Estamos en la obligación de preguntarnos por la llamativa realidad de un país que se ha beneficiado de un notable crecimiento económico, desplegado durante muchas décadas, y que ha incorporado en paralelo maravillosas tecnologías teóricamente liberadoras, pero que no parece, pese a ello, en condiciones de garantizar el bienestar de la mayoría de sus habitantes. Sabido es que hay una máxima que reza que el dinero no hace la felicidad. Administrémosla con mucha prudencia. Es verdad que en los estadios iniciales del desarrollo la disposición de dinero, de recursos, tiene mucho que ver con nuestra felicidad. Si me estoy muriendo de hambre y empiezo a comer, hay un cambio sustancial, y para bien, en mi estilo de vida. Sobran, sin embargo, las razones para argumentar que dejados atrás esos estadios iniciales del desarrollo el hiperconsumo al que a menudo nos entregamos en las sociedades opulentas es antes un indicador de malestar que una señal de bienestar exultante. Lo digo de una manera más, invocando ahora el sentido común imperante en sociedades como la nuestra, que acaso nos sugiere que cada nueva generación que entra vive mejor que las anteriores: mi abuelo vivió mejor que mi bisabuelo, mi padre vivió mejor que mi abuelo, yo he vivido mejor que mi padre. ¿Estamos en condiciones de afirmar sin margen para la duda que los integrantes de las generaciones jóvenes que entran ahora en el mercado de trabajo van a vivir mejor que los miembros de la mía? ¿Van a encontrar en efecto un empleo? ¿Van a cobrar en su caso un subsidio de paro? ¿Se van a beneficiar, dentro de unas décadas, de una pensión? Me temo que nadie está en condiciones de responder de manera taxativamente afirmativa a todas estas preguntas, que nos emplazan delante de una genuina crisis de nuestra civilización.

3. La propuesta del decrecimiento parte de la identificación de un problema central: los límites medioambientales y de recursos del planeta. En sustancia nos dice que si vivimos en un planeta con recursos limitados no parece que tenga mucho sentido que aspiremos a seguir creciendo ilimitadamente. Y nos lo dice tanto más cuanto que

sobran las razones para concluir que hemos dejado muy atrás las posibilidades que la Tierra nos ofrece. Al respecto un indicador muy clarificador —ya he hablado de él en el capítulo anterior— es el que ofrece lo que se suele llamar *huella ecológica*. En sustancia esta última mide la superficie del planeta, terrestre como marítima, que precisamos para mantener las actividades económicas hoy existentes. Todos los estudios relativos a la huella ecológica concluyen que hemos dejado muy atrás esas posibilidades medioambientales y de recursos de las que hablaba. Bastará con recordar que, según una estimación, la huella ecológica española es hoy de 3,0, y la portuguesa se halla, acaso, un poco por debajo de ese guarismo, de tal suerte que ambos países viven claramente por encima de sus posibilidades en términos ecológicos. ¿Por qué? En el caso español el 3,0 significa que para mantener las actividades económicas hoy existentes se necesita el territorio del país multiplicado por tres. ¿Cómo se mal resuelve este problema? A través de una presión inaudita ejercida sobre los derechos de los integrantes de las generaciones venideras, sobre los de muchos de los habitantes de los países del Sur y sobre los de los miembros de las demás especies con las que, sobre el papel, compartimos el planeta.

Ante una situación tan delicada como ésta, siempre me veo en la obligación de rescatar dos opiniones que formuló en su momento uno de los pensadores que más admiro. Hablo del fallecido filósofo grecofrancés Cornelius Castoriadis. Varias décadas atrás Castoriadis afirmó que le producía mitad fascinación, y mitad indignación, comprobar cómo las personas que entre nosotras reclaman transformaciones radicales son inmediatamente descalificadas como si se tratase de soñadoras incorregibles, en tanto en cuanto, y en cambio, nuestros responsables políticos, que en el mejor de los casos miran a dos años vista, a las próximas elecciones, se nos presentan como figuras ecuánimes que tienen respuestas eficientes para todos los problemas importantes. Castoriadis agregó —segunda de sus observaciones— que ante un escenario tan delicado como éste deberíamos actuar como lo haría lo que llamaba, utilizando una expresión latina, el *pater familias diligens*, el padre de familia diligente. El ejemplo que el filósofo proponía para ilustrar su tesis era un poco truculento. Imaginaba un padre, o una madre, a quien comunicasen que era muy posible que su hijo tuviese una gravísima enfermedad. Parece que ese padre, o esa madre, sólo podría reaccionar de una manera solvente: colocando a su hijo en manos de los mejores médicos para que éstos determinasen si el diagnóstico era certero o no. Lo que, en cambio, ese padre o esa madre no deberían hacer sería reaccionar diciendo: bien, si es posible que mi hijo tenga una gravísima enfermedad, también lo es que no la tenga, con lo cual me voy a quedar cruzado de brazos. Mucho me temo que esta metáfora, lo de quedarse cruzados de brazos, describe de manera infelizmente razonable la conducta de buena parte de la especie humana ante los retos, gravísimos, derivados de la crisis ecológica.

4. Estoy obligado a transmitir el sentido de fondo de una propuesta central que nace de la perspectiva del decrecimiento. Para ello me voy a servir de un debate que se registró entre nosotras, en España, treinta o cuarenta años atrás. Enfrentó entonces a un movimiento pacifista que empezaba a asomar la cabeza y a lo que hoy llamamos *sindicatos mayoritarios*. El debate se refería al futuro de la industria de armamentos. Mientras los pacifistas decían —decíamos— que había que cerrar las fábricas correspondientes, los sindicatos respondían que lo que urgía era preservar los puestos de trabajo. Lo que estamos señalando hoy es que un debate de la misma naturaleza debe cobrar cuerpo en los años venideros, claro que ampliado a otros muchos segmentos de la economía. Hablo de aquellos que están en el origen del crecimiento disparado de la

huella ecológica. Lo que estamos reivindicando de manera más precisa es que se reduzca sensiblemente —en su caso se cancele— la actividad de sectores de la economía como la industria del automóvil, la de la aviación, la de la construcción, la cárnica, cómo no la industria militar o, en fin, y por dejarlo ahí, la de la publicidad. Alguien replicará inmediatamente que si actuamos de esa manera generaremos millones de desempleados en los Estados miembros de la Unión Europea. ¿Cómo haremos frente, desde la perspectiva del decrecimiento, a ese innegable problema? La respuesta incorpora dos elementos diferentes: por un lado, y en primer lugar, propiciaremos el desarrollo de aquellos sectores de la economía que guardan relación con la atención de las necesidades sociales insatisfechas y con el respeto del medio natural. Si queremos decirlo así, esos sectores seguirán creciendo. Por el otro, en los segmentos de la economía convencional que inevitablemente seguirán existiendo procederemos a repartir el trabajo. El efecto, en términos individuales, de la combinación de estos dos factores será que trabajaremos menos horas, disfrutaremos de más tiempo libre, acrecentaremos nuestra a menudo alicaída vida social y, cuando sea posible, reduciremos nuestros con frecuencia desbocados niveles de consumo. Tengo yo la impresión, la certeza, de que este horizonte es manifiestamente preferible al propio del modo de vida esclavo del que hablé antes. Me interesa subrayar, de cualquier modo, que la perspectiva del decrecimiento no tiene en este orden de cosas un carácter triste y sombrío: se asienta, antes bien, en la convicción de que podemos vivir mejor con menos, si somos capaces, claro, de distribuir radicalmente la riqueza o, lo que es casi lo mismo, de salir del capitalismo y sus reglas.

5. Pero la propuesta del decrecimiento no se agota en la reivindicación de la necesidad de reducir los niveles de producción y de consumo en los países ricos del Norte

opulento. Reclama, antes bien, la introducción de principios y de valores muy diferentes de los que hoy nos obligan a aplicar.

Si tengo que resumir telegráficamente el contenido de esos principios y valores, lo haré así. El primero es la necesidad de recuperar la vida social que hemos ido dilapidando, absorbidas como estamos por la lógica de la producción, del consumo y de la competitividad. El segundo lo aporta el ocio creativo, frente a las formas de ocio siempre vinculadas con el dinero que se nos ofrecen por todas partes. El tercero es el reparto del trabajo, una vieja demanda sindical que infelizmente fue muriendo con el paso del tiempo. El cuarto reivindica la necesidad de reducir las dimensiones de muchas de las infraestructuras productivas, administrativas y de transporte que utilizamos. El quinto sugiere la necesidad de restaurar la fuerza de la vida local en un escenario de reaparición de fórmulas de democracia directa y de autogestión. El sexto y último, en fin, postula, en el terreno individual, la sobriedad y la sencillez voluntarias.

Alguien podría dejarse llevar, legítimamente, por la tentación de afirmar que esta media docena de principios y de valores que acabo de enunciar nos sitúa fuera del mundo. En otras palabras, que nada tiene que ver con la organización pasada y presente de las sociedades humanas. Creo firmemente que no es así. Hay al menos cuatro ámbitos importantes, importantísimos, en los cuales es muy sencillo rastrear el ascendiente de esos principios y valores. El primero lo aportan muchas de las prácticas históricas del movimiento obrero de siempre. Aunque la presencia de esos principios y valores resulta más sólida en el caso de la tradición libertaria, de la tradición anarquista, en modo alguno falta en las demás tradiciones del movimiento en cuestión. Un segundo terreno de manifestación lo configura eso que de un tiempo a esta parte llamamos *trabajo de cuidados*, desarrollado mayoritariamente por mujeres, materializado ante todo en el cuidado amoroso de niños y de ancianos, las más de las veces lejos de las relaciones monetarias y siempre ecológicamente sostenible. Un tercer ámbito de manifestación lo configura, no sin contradicciones, la propia institución familiar, en el interior de la cual suele primar la lógica del don, del regalo y de la gratuidad. Para entendernos, cuando los padres costean los estudios de sus hijos comúnmente no lo hacen esperando obtener, pasados los años, algún tipo de contraprestación monetaria. Recuerdo un último terreno de manifestación de los principios y valores que me ocupan: el que aportan por igual muchos de los elementos de sabiduría popular de nuestros campesinos viejos y muchas de las prácticas cotidianas de esos habitantes de los países del Sur que nos empeñamos en describir como si fuesen primitivos y atrasados.

6. Me gustaría rematar estas sucintas observaciones sobre el decrecimiento con un recordatorio de lo que la propuesta significa, o puede significar, para los países del Sur, en la certeza de que las consideraciones correspondientes algo tienen que ver con las discusiones relativas a la Iberia vaciada.

Debo dejar claro desde el principio que, aunque la perspectiva del decrecimiento fue concebida para su aplicación en los países ricos del Norte, algo nos dice en lo que respecta a la condición de los países del Sur. Intentaré resumir el argumento de la mano de tres consideraciones. La primera remite a una propuesta de carácter ecuménico que parte de la certeza de que sería absurdo que reivindicásemos la aplicación de un programa de decrecimiento en países que tienen una renta per cápita treinta veces inferior a la nuestra. En este terreno lo que la perspectiva del decrecimiento sugiere es que en el Norte rico debemos decrecer, no para demandar que los países del Sur hagan otro tanto, pero sí para conseguir que no reproduzcan el sinfín de callejones sin salida que nosotras hemos perfilado. El argumento tiene tanto más peso cuanto que resulta evidente que el despliegue de las llamadas *economías emergentes* puede conducir a la aparición de varios centenares de millones de personas que aspiren a reiterar, sin más, los niveles de consumo característicos de buena parte de la población de los países del Norte. Siendo cierto que el planeta no permite alimentar semejante horizonte, nuestra respuesta no debe consistir, sin más, en decirle a los habitantes de China o la India que no pueden disfrutar de lo que aparentemente disfrutamos nosotras ahora.

Subo un segundo escalón. El principal teórico del decrecimiento pasa por ser un francés llamado Serge Latouche, quien ha trabajado mucho sobre el África subsahariana. Recuerdo que en una ocasión le pregunté si su perspectiva del decrecimiento no era tributaria de esa experiencia personal en el continente africano. Respondió inmediatamente que sí. En uno de los libros de Latouche traducidos al castellano, el titulado *La otra África*, cuenta su autor algo que me interesa recuperar ahora[2]. Se refiere al hecho de que en Europa hay bastantes gentes que tienen mala conciencia en relación con África. ¿Por qué? Porque son sabedoras de las secuelas de cinco siglos de expolio de la riqueza humana y material del continente. Esa mala conciencia a menudo se vuelca en la idea de que tenemos que ayudar a los africanos. Latouche replica provocadoramente: ¿no será más inteligente que nos dejemos ayudar *por* los africanos? ¿En qué sentido? Muchas sociedades africanas han demostrado, en condiciones de penuria extrema, su capacidad a la hora de crear redes solidarias que han venido a resolver de manera convincente muchos problemas. Con toda evidencia nosotras, en el mundo rico, hemos perdido lamentablemente esa capacidad.

---

2. Latouche, 2007a.

Me permito agregar, en tercer y último lugar, que cuando empecé a trabajar en la perspectiva del decrecimiento, diez o doce años atrás, recibí con sorpresa un buen puñado de mensajes remitidos por gentes que vivían en América Latina y declaraban su interés por esa perspectiva. Supongo que la sorpresa no precisa explicación: aunque yo trabajaba en un conjunto de herramientas que debían aplicarse en el Norte rico, esas mismas herramientas suscitaban atención en el Sur empobrecido. Entiendo que hay varias posibilidades de encarar esa paradoja. La primera subraya que, probablemente, muchas de las personas que me escribían vivían en países, o en regiones, que estaban a mitad de camino de lo que antes se llamaba el *primer* y el *tercer mundo*, de tal suerte que sus vínculos con la realidad del Norte del planeta *tiraban* de la perspectiva del decrecimiento. Me atreveré a sugerir, en un segundo escalón, que quien conozca los problemas de las megalópolis latinoamericanas a buen seguro que inmediatamente se percatará de que la propuesta del decrecimiento algo tiene que decir al respecto. Probablemente, y en un tercer estadio, algunas de las personas que me escribían lo que mostraban era un incipiente descontento ante el eco que los proyectos productivistas y desarrollistas procedentes del Norte rico habían encontrado en muchas de las políticas abrazadas por los Gobiernos de la izquierda latinoamericana. Sin descartar el vigor de ninguna de estas explicaciones, creo, sin embargo, que hay una última que apunta a lo principal: existe una relación expresa y muy evidente entre lo que algunas personas llamamos *decrecimiento* y el horizonte de la filosofía del *buen vivir* abrazada por muchas comunidades indígenas, obviamente rurales, en algunos países del Sur. Hablo, claro, de unas comunidades que han demostrado con frecuencia su capacidad para mantener una relación respetuosa y equilibrada con el medio natural.

LA TEORÍA DEL COLAPSO

Cuando empecé a trabajar sobre decrecimiento despuntaba por detrás la idea de que las herramientas manejadas por esa perspectiva deberían permitir que esquivásemos el riesgo de un colapso general del sistema que padecemos. Con el paso del tiempo, y sibilinamente, mi percepción ha ido cambiando, y hoy se asienta en la intuición de que esas herramientas, que siguen siendo útiles y respetables, más bien han de servirnos para movernos en el escenario posterior al de un colapso que se anuncia acaso inevitable. El debate relativo a este último falta llamativamente, sin embargo, tanto en los medios de incomunicación como entre los responsables políticos. Intento resumir al respecto el contenido de un libro que, titulado *Colapso*, publiqué en 2016[3].

1. El colapso es un proceso, o un momento, del que se derivan varias consecuencias delicadas: cambios sustanciales, e irreversibles, en muchas relaciones, profundas alteraciones en lo que se refiere a la satisfacción de las necesidades básicas, reducciones significativas en el tamaño de la población humana, una general pérdida de complejidad en todos los ámbitos —acompañada de una creciente fragmentación y de un retroceso de los flujos centralizadores—, la desaparición de las instituciones previamente existentes y, en fin, la quiebra de las ideologías legitimadoras, y de muchos de los mecanismos de comunicación, del orden antecesor. Importa subrayar, de cualquier modo, que algunas de las secuelas que se atribuyen al colapso no tienen necesariamente una condición negativa. Tal es el caso de las que se refieren a la rerruralización, a las

---

[3]. Las principales tesis se recogen en https://www.carlostaibo.com/articulos/texto/?id=661. En castellano, y sobre el colapso, se leerán con provecho Biehl y Staudemaier, 2019; Diamond, 2006; Fernández Durán y González Reyes, 2014; Kolbert, 2008; Monbiot, 2008, y Turiel, 2020.

ganancias en materia de autonomía local o a un general retroceso de los flujos jerárquicos. Esto al margen, es razonable adelantar que el concepto de *colapso* que manejamos en el Norte rico exhibe cierta dimensión etnocéntrica. Por recurrir a un ejemplo rápido, es muy difícil explicar qué es el colapso a una niña nacida en la franja de Gaza.

2. Conforme a una visión muy extendida, y controvertida, habría que identificar dos causas principales del colapso, en el buen entendido de que en la trastienda operarían otras que, aparentemente secundarias, llegado el caso podrían adquirir un papel prominente u oficiar como multiplicadores de tensión. Las dos causas mayores son el cambio climático y el agotamiento de las materias primas energéticas que empleamos.

En lo que al cambio climático atañe, parece inevitable que la temperatura media del planeta suba al menos dos grados con respecto a los niveles anteriores a la era industrial. Cuando se alcance ese momento nadie sabe lo que vendrá después, más allá de la certeza de que lo que venga no será precisamente saludable. Conocidas son, por otra parte, las consecuencias esperables del cambio climático: además de un incremento general de las temperaturas se harán valer —se hacen valer ya— una subida del nivel del mar, un progresivo deshielo de los polos, la desaparición de muchas especies, la extensión de la desertificación y de la deforestación, y, en fin, problemas crecientes en el despliegue de la agricultura y la ganadería.

Por lo que se refiere al agotamiento de las materias primas energéticas, lo primero que hay que subrayar es nuestra dramática dependencia con respecto a los combustibles fósiles. Si renunciamos al petróleo, al gas natural y al carbón, no quedará nada de nuestra civilización termoindustrial. Según una estimación, sin esos combustibles un 67 por ciento de la población del planeta perecerá. Antonio Turiel sostiene que el pico conjunto de las fuentes no renovables se produjo en 2018, de tal suerte que inequívocamente la producción de aquéllas se reducirá y los precios se acrecentarán en un escenario en el que habrá que aportar cada vez más energía para obtener cada vez menos de esta última. Aunque se pueden imaginar combinaciones de fuentes distintas de la que hoy empleamos, con un mayor peso asignado, por ejemplo, a las renovables y al carbón, no hay sustitutos de corto y medio plazo para la oferta presente. Cualquier cambio reclamará, inequívocamente, transformaciones onerosísimas.

Entre los elementos acompañantes del colapso que podrían adquirir un relieve principal no está de más que mencione los que siguen: la crisis demográfica; una delicadísima situación social, con más de 3.000 millones de seres humanos condenados a malvivir con menos de dos dólares diarios; la esperable extensión del hambre, acompañada, en muchos casos, de escasez de agua; la expansión de las enfermedades, en la forma de epidemias y pandemias, de multiplicación de los cánceres y las dolencias cardiovasculares, y de reaparición de enfermedades como la tuberculosis; un entorno invivible para las mujeres —son el 70 por ciento de los pobres y desarrollan el 67 por ciento del trabajo, para recibir sólo un 10 por ciento de la renta—; el presumible efecto multiplicador de la crisis financiera, con sus secuelas en forma de caos, inestabilidad, pérdida de confianza e incertidumbre; la quiebra de muchos Estados, estrechamente vinculada con las guerras de rapiña asestadas por las potencias del Norte; las secuelas de la subordinación de la tecnología a los intereses privados; una huella ecológica disparada —el espacio bioproductivo consumido hoy es de 2,2 hectáreas por habitante, por encima de las 1,8 que la Tierra pone a nuestra disposición—, y una inquietante idolatría del crecimiento económico.

3. ¿Cuáles son los rasgos previsibles de la sociedad posterior al colapso? Cualquier respuesta a esta pregunta tiene

que ser por fuerza especulativa. Para que no fuese así deberíamos conocer las causas precisas del colapso en cuestión, si éste tiene un carácter repentino o no, sus eventuales variaciones geográficas o la naturaleza de las reacciones suscitadas. Aunque tampoco es posible fijar el momento del colapso, no está de más que señale que muchos analistas se refieren al respecto a los años que separan 2020 y 2050.

Aun con ello, y si se trata de identificar los rasgos generales de la sociedad poscolapsista, bien pueden ser éstos: una escasez general de energía, con efectos visibles en materia de transporte, suministros y turismo, y al amparo de una general desglobalización; graves problemas para la preservación de muchas de las estructuras de poder y dominación, y en particular para las más centralizadas, tecnologizadas y consumidoras de energía; una aguda confrontación entre flujos centralizadores, hipercontroladores e hiperrepresivos, por un lado, y flujos descentralizadores y libertarizantes, por el otro; inquietantes confusiones entre lo público y lo privado; una manifiesta expansión de la violencia de la que serán víctimas principales las mujeres; una trama económica general marcada por la reducción del crecimiento, el cierre masivo de empresas, la extensión del desempleo, la desintegración de los llamados *Estados del bienestar*, la subida de los precios de los productos básicos, la quiebra del sistema financiero, el hundimiento de las pensiones y retrocesos visibles en sanidad y educación; un general deterioro de las ciudades, con pérdida de habitantes y desigualdades crecientes; un escenario delicado en el mundo rural, resultado de la mala gestión de los suelos, del monocultivo, de la mecanización y de la mercantilización, y, para terminar, una reducción de la población planetaria.

4. Quiero prestar atención a dos reacciones ante el colapso: la de los movimientos por la transición ecosocial y la propia del ecofascismo. Los movimientos por la transición

ecosocial proponen, en sustancia, una recuperación del viejo proyecto libertario de la sociedad autoorganizada desde abajo, desde la autogestión, desde la democracia y la acción directas, y desde el apoyo mutuo. Si se trata de identificar algunos de los rasgos de esa transición ecosocial, y del escenario final acompañante, bien pueden ser los que siguen: la reaparición, en el terreno energético, de viejas tecnologías y hábitos, en un marco de menor movilidad y de retroceso visible del automóvil en provecho del transporte público; el despliegue de un sinfín de economías locales descentralizadas; el asentamiento de formas de trabajo más duro, pero desarrolladas en un entorno más llevadero; la progresiva remisión de la sociedad patriarcal, en un escenario de reparto de los trabajos y de retroceso de la pobreza femenina; una reducción de la oferta de bienes, y en particular de la de los productos importados, en un marco de sobriedad y sencillez voluntarias; una sanidad descentralizada basada en la prevención, en la atención primaria y en la salud pública, con un menor uso de medicamentos; el despliegue de fórmulas de educación/deseducación extremadamente descentralizadas; una general desurbanización, con reducción de la población de las ciudades, expansión de la vida de los barrios y progresiva desaparición de la separación entre el medio urbano y el rural; una activa rerruralización, con crecimiento de la población del campo en un escenario definido por las pequeñas explotaciones y las cooperativas, por la recuperación de las tierras comunales y por la desaparición de las grandes empresas; la recuperación de la vida social y de las prácticas de apoyo mutuo, y, en suma, una vida política marcada por la autogestión y la democracia directa. Siete verbos resumen, acaso, el sentido de fondo de muchas de estas transformaciones: decrecer, desurbanizar, destecnologizar, despatriarcalizar, descolonizar, desmercantilizar y descomplejizar.

5. Sé que el término *ecofascismo* es moderadamente sorprendente, toda vez que el prefijo *eco-* se suele identificar con realidades saludables o, al menos, neutras. No parece de más que señale, sin embargo, que en el partido nazi, el partido de Hitler, operó un poderoso grupo de presión de carácter ecologista, defensor de la vida rural, receloso ante las consecuencias de la industrialización y de la urbanización, y, llegado el caso, impulsor de prácticas vegetarianas. Claro es que ese proyecto se volcaba en favor de una *raza* elegida que debía imponerse, sin parar en los medios, a todos los demás...

Carl Amery ha subrayado que estaríamos muy equivocadas si concluyésemos que las políticas que abrazaron los nazis alemanes ochenta años atrás remiten a un momento histórico singularísimo, coyuntural y, por ello, afortunadamente irrepetible[4]. Amery nos emplaza, antes bien, a estudiar esas políticas por cuanto bien pueden reaparecer, no defendidas ahora por ultramarginales grupos neonazis, sino postuladas por algunos de los principales centros de poder político y económico, cada vez más conscientes de la escasez general que se avecina y cada vez más decididos a preservar esos recursos escasos en unas pocas manos en virtud de un proyecto de darwinismo social militarizado, esto es, de ecofascismo. Este último, que en una de sus dimensiones principales responde a presuntas exigencias demográficas, reivindicaría la marginación, en su caso el exterminio, de buena parte de la población mundial y tendría manifestaciones preclaras en la renovada lógica imperial que abrazan las potencias occidentales. Cierto es que el escenario general de crisis energética puede debilitar sensiblemente los activos al servicio de un proyecto ecofascista. En sentido distinto, medidas de corte autoritario como las aplicadas en tantos países para hacer frente a la pandemia del coronavirus bien pueden servir de

---

4. Amery, 2002.

antecedente para determinadas prácticas que podría abrazar el ecofascismo en ascenso.

6. Si alguien se pregunta qué es lo que la gente común piensa del colapso, me limitaré a responder que este último suscita reacciones varias. Una de ellas se asienta, sin más, en la ignorancia, visiblemente inducida por el negacionismo, que proponen muchas de las grandes empresas, con respecto al cambio climático o al agotamiento del petróleo. Una segunda reacción bebe de un optimismo sin freno, traducido en una fe ciega en que aquello que deseamos se hará realidad, en la intuición de que los cambios serán lentos, predecibles y manejables, en la certeza de que todavía podemos resolver los problemas o, en fin, en la confianza en los gobernantes. Una tercera posición es la de quienes estiman que inexorablemente aparecerán tecnologías que permitirán resolver todos los problemas. No faltan, en un cuarto estadio, quienes prefieren acogerse al *carpe diem* y, al efecto, consideran que sólo debe preocuparnos lo más cercano, en el tiempo y en el espacio. Hay quien invoca, en fin, al concepto de *culpa* y aduce, bien que uno no tiene obligación de resolver los problemas que crearon otros, bien que la especie humana se ha hecho merecedora, por su conducta, de un castigo severísimo. En este mismo orden de cosas, Elisabeth Kübler-Ross ha identificado cinco etapas que marcan el duelo provocado por la desaparición de un ser querido. Bien pueden servirnos para dar cuenta de nuestra presunta reacción ante el colapso. Son la negación, la angustia, la adaptación, la depresión y la aceptación.

Por detrás de muchas de las reacciones que acabo de referir se aprecia, de cualquier modo, el designio, en buena parte de la población del Norte opulento, de no renunciar al modo de vida presente y de preservar los niveles de consumo heredados y, en su caso, y también, el *status* social alcanzado. Se aprecia asimismo una firme negativa a pensar en las generaciones venideras, en los habitantes de los países del Sur y en las demás especies que nos acompañan en la Tierra.

7. El capitalismo es un sistema que ha demostrado históricamente una formidable capacidad de adaptación a los retos más dispares. La gran pregunta hoy es la relativa a si, llevado de un impulso incontenible encaminado a acumular espectaculares beneficios en un período de tiempo muy breve, no estará cavando su propia tumba, con el agravante, claro, de que dentro de la tumba estamos nosotras.

Ante el riesgo de un colapso próximo, en el mundo alternativo las respuestas son, en sustancia, dos. Mientras la primera entiende que no queda otro horizonte que el de aguardar a que llegue ese colapso —será el único camino que permita que la mayoría de los seres humanos se percaten de sus deberes—, la segunda considera que hay que salir con urgencia del capitalismo y que al respecto, y a título provisional, lo que se halla a nuestro alcance es abrir espacios autónomos —autogestionados, desmercantilizados y, ojalá, despatriarcalizados—, propiciar su federación y acrecentar su dimensión de confrontación con el capital y con el Estado. Si hay quien interpreta que esos espacios nos servirán para esquivar el colapso, hay quien cree, por el contrario, que es preferible concebirlos como escuelas que nos prepararán para sobrevivir en el escenario posterior a aquél. Lo más probable, de cualquier modo, es que no consigamos evitar el colapso: lo que está a nuestro alcance es, antes bien, postergar un poco su manifestación —no está claro que sea una opción inteligente— y, tal vez, mitigar algunas de sus dimensiones más negativas.

No hay, por lo demás, ningún motivo serio para depositar nuestra esperanza en unas instituciones, las del sistema, sometidas a intereses privados, jerarquizadas, militarizadas y —ecofascismo aparte— aberrantemente cortoplacistas. Una de las estratagemas mayores del capitalismo contemporáneo es la que aconseja sacar provecho de la enorme habilidad que el sistema muestra a la hora de evitar que nos hagamos las preguntas importantes. Y es que, y por ejemplo, un empeño principal del capitalismo de estas horas consiste en buscar desesperadamente materias primas y tecnologías que nos permitan conservar aquello de lo que hoy disponemos, sorteando así la pregunta principal: ¿realmente nos interesa conservar esto con lo que hoy contamos? ¿O con lo que cuentan, mejor dicho, unos pocos?

CAPÍTULO 3
PROPUESTAS PARA LA IBERIA VACIADA

Este capítulo plantea un puñado de propuestas relativas a lo que podría hacerse en —y con— la Iberia vaciada. Como inmediatamente se apreciará, esas propuestas se articulan en torno a cuatro horizontes: el de lo que hay que preservar en esa Iberia, el de lo que hay que recuperar, el de lo que hay que introducir *ex novo* y el de lo que hay que rechazar. Buen momento parece éste para subrayar que, siendo a menudo dispares las condiciones propias de los espacios que se revelan en la Iberia vaciada, no todas las soluciones que aquí se plantean pueden desarrollarse por igual. Aunque salta a la vista que el escenario no es el mismo en las estribaciones de la cordillera Cantábrica que en las llanuras de las dos mesetas, e incluyo el Alentejo, las más de las veces procuraré echar mano, con todo, de argumentos de carácter general, aun reservándome la posibilidad de formular algunas observaciones que inviten a distinguir unas u otras realidades.

LO QUE HAY QUE PRESERVAR

Pese a que poco espacio voy a dedicar a lo que entiendo que hay que preservar en la Iberia vaciada, los elementos a los que me voy a referir —en ellos se revela una combinación de dimensiones inmateriales y materiales— tienen una importancia decisiva, en la medida en que, sin ellos, todos los demás a duras penas podrán salir adelante. El primero de esos elementos habla de conocimientos decisivos para desenvolvernos en la realidad de hoy y, más aún, en la del colapso. Pienso ante todo, y al respecto, en la sabiduría y las habilidades de la gente mayor, y de la que no lo es tanto. Sospecho que uno de los problemas más acuciantes en el mundo rural no es el incremento del porcentaje de población *de edad*, sino la ausencia de medidas encaminadas a otorgar relieve a esa población[1]. Hay que romper, y radicalmente, con la presunción, muy extendida, de que los campesinos carecen de cultura, una presunción fácilmente desactivable al amparo de la certificación de que poseen una cultura rica, diversa y resistente frente a la uniformización urbana y frente a los numerosos elementos de alienación que se revelan en las ciudades (hablo de una forma de vida, eso sí, que ha tendido a marginar, como subrayaré más adelante, a las mujeres). En ocasiones lo que hay que hacer es aprender a identificar las señas de una sabiduría popular que se expresa de mil maneras diferentes. Un paisano trasmontano le contó al escritor José Rentes de Carvalho que su abuelo "acudía a escuchar el agua que corría como quien va a escuchar a la banda filarmónica"[2]. Creo, en suma, que las más de las veces la cultura que me ocupa bebe de elementos espontáneamente decrecentistas que entienden que la austeridad es un valor acaso vinculado con lo que Serge Latouche llama "abundancia frugal"[3].

Parece inevitable concluir que por detrás despuntan por igual redes de solidaridad que a menudo se asientan en la familia extensa, o en lo que pueda quedar de ella, y en una sociabilidad antigua que se niega a morir. El resultado es

---
1. Valente Rosa, 2012: 24.
2. Rentes de Carvalho, 2017: 11-12.
3. Latouche, 2019: 57.

una vida social más rica (*menos bienes, más relaciones*, apostilla la perspectiva del decrecimiento). Sergio del Molino señala con criterio respetable que en las ciudades, y tanto más en las de mayor población, son mayores también las posibilidades de tejer afinidades en los ámbitos más dispares[4]. Si ello es parcialmente cierto —no está claro que todos los habitantes de las ciudades se beneficien de tal circunstancia—, conviene contraponer una realidad, la del mundo rural, más humanizada y, en la mayoría de los casos, no sin paradoja, y pese a lo que sugerí en el capítulo primero, menos uniformizada. Ello sea dicho sin idealizar, o sin hacerlo en exceso, la condición de ese mundo rural.

Pero, más allá de elementos inmateriales como los que acabo de identificar, hay otros que tienen una dimensión estrictamente material. Aunque es cierto que habría que distinguir al efecto lo que ocurre en unas y otras áreas geográficas, pienso en un coste de la vida más bajo, bien reflejado en el precio de la vivienda, en una mayor salubridad —manifiesta en una presencia más débil de cánceres, de dolencias pulmonares, cardiovasculares y endocrinas, de obesidad, de estrés y de insomnio—, en la proximidad entre el hogar y el trabajo, en una menor contaminación, que a buen seguro está por detrás de lo anterior, en recintos más silenciosos y en lugares más seguros. Pero pienso también en las consecuencias benéficas que se derivan de la proximidad de la producción de los alimentos que se consumen o del empleo, en la construcción, de materiales propios en un marco general de autosuficiencia y soberanía.

Hay que hablar, en fin, y robo las palabras a la Asociación Véspera de Nada por unha Galiza sen Petróleo, de algo que despunta: una "renovada relación con la tierra, entendida como territorio y sobre todo como suelo, como sustento de la vida y como origen de toda riqueza auténtica"[5]. La tierra

---

4. Molino, 2016: 16.
5. Asociación Véspera de Nada por unha Galiza sen Petróleo, 2019: 59.

permite acceder "a la energía, al agua, al sustento, al hogar, a la curación, a los antepasados y a una tumba"[6]. Habida cuenta de lo que se nos viene encima, nada parece más absurdo que abandonar hoy esa tierra en provecho de las ciudades, de lo que significan y de las ficciones que acarrean el dinero y las finanzas. A ello no está de más sumar la belleza, incluida la espiritual, que corresponde al paisaje, alimento de una memoria mucho más sólida y tenaz, en la que se dan cita el pasado y el presente, y en la que se revelan las heridas y las suturas[7]. Afirma Antonella Tarpino que en el paisaje se juntan un orden visible —el juego sedimentario de los espacios— y otro invisible —la memoria profunda del tiempo—[8]. Aunque no se trata sólo, claro, del paisaje: también se hallan de por medio las ruinas y los secretos que guarda la toponimia. Esas memorias y esos paisajes son, por lo demás, únicos, e invitan a asumir una ineludible reterritorialización de las historias generales y globales.

LO QUE HAY QUE RECUPERAR

¿Y qué es lo que conviene recuperar? Para responder de manera rápida, diré que hay que recuperar aquellos elementos saludables del pasado que permitían perfilar modelos de autosubsistencia, se desplegaban en el ámbito de los bienes comunales y se asentaban en instancias de democracia de base. Y hay que hacerlo porque, aun cuando algunas de esas fórmulas han pervivido, tanto en el lado español como en el portugués, las más de las veces lo han hecho de manera cadavérica, cuando no meramente simbólica.

Se trataría, pues, y en primer lugar, de frenar el retroceso experimentado por algunos de los elementos mencionados en el epígrafe anterior. El ejemplo más claro lo

---

6. Asociación Véspera de Nada por unha Galiza sen Petróleo, 2019: 60.
7. Tarpino, 2016: 8.
8. Tarpino, 2016: 9.

aporta, tal vez, la discusión relativa a la autosubsistencia. Creo firmemente que hay bases sólidas para restaurar el peso de la realidad correspondiente o, lo que es lo mismo, para desconectarse del mercado, para hacer otro tanto con la lógica deslocalizadora propia de la globalización que conocemos, para crear empleo, acaso de forma no salarizada, de manera autónoma y para desplegar formas de reciclaje y economías de segunda mano que han ido reculando en las últimas décadas. Pero tengo en mente también la posibilidad de restaurar y de repoblar pueblos enteros. "Hay cascos urbanos que responden a quinientos habitantes por su fisonomía y en cambio sólo tienen veinte vecinos", recuerda el monje de Silos entrevistado por Paco Cerdà en su libro[9]. Otro tanto cabe decir en lo que respecta a numerosas tierras que están sin cultivar y en relación con las cuales se hace valer un recelo a alquilarlas o, simplemente, a cederlas durante un tiempo, en algunos casos en la confianza, tal vez, de que acabarán por rendir algún beneficio —vía, por ejemplo, el turismo— a sus propietarios. Al respecto se ha reclamado, y me hago eco de la propuesta que realizan María José Martínez y Enrique Díez, la creación de bancos públicos de tierras gratuitas y de bancos de viviendas, de nuevo gratuitas o de alquiler social[10]. Por echar mano de un último ejemplo, en suma, se impone recuperar superficie forestal, para frenar así el avance de la desertificación y mejorar el oxígeno que se respira, ganando, en paralelo, en materia de limpieza y de prevención de incendios. Aurelio Medel apuesta al respecto por "cobrar por reciclar el CO_2 que generan las grandes ciudades. Igual que se extendió el axioma de que el que contamina paga, hay que dar el salto a que el que conserva, el que oxigena, cobra"[11].

---
9. Cerdà, 2016: 70.
10. Martínez Rejas y Díez Gutiérrez, 2019.
11. Medel, 2019.

Otra discusión vital —me invita a volver sobre algunas ideas que manejé en el capítulo inicial de este libro— es la de los bienes comunales, enfrentados a los derechos de propiedad privada absoluta que introdujeron, con éxito, las revoluciones liberales. Me parece que es inevitable que el debate correspondiente renazca al calor del riesgo del colapso que viene. Sigo al respecto la reflexión que desarrolla César Roa Llamazares en *En páramos malditos*[12] y en algún otro de sus libros, en el buen entendido de que, si la discusión afecta fundamentalmente, en el caso español, a las regiones montañosas del norte, en el portugués se revela tanto en el norte como en el conjunto del interior del país. ¿Cuáles eran los rasgos del régimen que imperó antes de las revoluciones liberales? Se caracterizaba en muchos lugares por la primacía de la propiedad comunal, en el marco general de una economía no dependiente y felizmente autónoma que respondía al principio que reza *la tierra para quien la trabaja* y que hacía acopio de un sinfín de fórmulas que abarcaban desde la fijación de límites en el derecho de propiedad hasta la apuesta en provecho de patrones de propiedad colectiva. La defensa de los desvalidos y la búsqueda de la cohesión social estaban, siempre, por detrás.

Gustavo Duch nos recuerda que

el sistema de pastoreo colectivo por turnos, las *veceras* o la *dula*, en los montes comunales era una de las expresiones más claras de la *economía colaborativa* implantada en esos tiempos. Las veinte ovejas [...] de cada familia salían diariamente al pastoreo, cuidadas por turnos, de manera que solo "de vez en cuando" te tocaba ejercer la tarea. Otras fórmulas de trabajos comunitarios bien documentadas son las [...] *hacenderas* en Castilla, el *treball a jova* en Cataluña o el *auzolan* en Euskal Herria, donde todas las casas del pueblo participan en un trabajo, como limpiar las acequias o

---

12. Roa Llamazares, 2019. Acaso el estudio más completo sobre los bienes comunales en un espacio preciso es el libro de David Algarra (2015) sobre Cataluña. Por realidades en algún grado similares se interesa Madina y Santos, 2012.

reparar la parroquia; o las ayudas de reciprocidad como el *tornallom* en Valencia, el *tornajornal* en Cataluña o la *tornaxeira* en Galicia, donde sin mediación del dinero, para tareas como las siegas o las vendimias, los vecinos colaboraban hoy por ti, mañana por mí[13].

De por medio se hacían valer muchos y muy dispares cultivos, se desarrollaban procedimientos colectivos de irrigación y despuntaba un aprovechamiento general del monte que permitía alimentar, en singular, el ganado, vital para los pequeños campesinos. Roa Llamazares habla al respecto de "pueblos que debían encontrar un esforzado equilibrio entre los bosques y las tierras de cultivo, entre la agricultura y la ganadería, y entre la tierra cultivada y la puesta en barbecho"[14]. Julio Senador, por su parte, nos recuerda que "la llanura talada es feudal y dispersa a los hombres", en tanto "el bosque es socialista y los reúne"[15]. Como cabe intuir, y por añadidura, se revelaba una relación armoniosa con el medio, y un conocimiento preciso, en forma de sabiduría de gestión popular, de las reglas de éste. La familia se presentaba como unidad económica principal, más preocupada por satisfacer las necesidades básicas y por mitigar el esfuerzo físico que por multiplicar el beneficio económico[16]. No menudeaban, por lo demás, y pese a lo que rezaba —y reza todavía— el discurso dominante, los ejemplos de desidia en el uso de los bienes comunales. Antes bien, predominaban al respecto normas muy estrictas[17]. El escenario, genéricamente democrático y caracterizado por un retroceso visible de las fórmulas asentadas en la explotación del hombre por el hombre, planteaba dificultades para el control político externo y para el despliegue de mecanismos de represión.

---

13. Duch, 2019.
14. Roa Llamazares, 2019: 12.
15. Julio Senador, cit. en Roa Llamazares, 2019: 36.
16. Roa Llamazares, 2019: 71.
17. Roa Llamazares, 2017: 27.

Despliego aquí unas líneas para dar cuenta de algunos de los rasgos del sistema de los comunales en el caso portugués, casi siempre olvidado, o ninguneado, por los historiadores, y en particular por los historiadores de la economía. Las tierras comunales, *os baldios*, han sido siempre en Portugal materia de disputa entre campesinos y señores, y entre las comunidades locales y el poder político. Al igual que en España, han experimentado un franco retroceso. Si en 1875 ocupaban 4.000.000 de hectáreas, en 1933, al poco de instaurarse el *Estado Novo* salazarista, habían quedado reducidas a 450.000[18]. Ya he señalado que el *Estado Novo*, que partió de la presunción de que los espacios comunales eran una mezcla de atraso y de abandono, contribuyó poderosamente a acabar con ellos, pese al rendimiento, notable, que aportaban a muchas comunidades locales. El propio *Estado Novo* propició lo que al cabo fue una genuina reforestación de estos espacios, en provecho de la producción de madera y de resina. Pese a que en 1976, derrocado el salazarismo, se aprobó una ley que devolvía las tierras a las comunidades de usuarios primitivas, los servicios forestales conservaron atribuciones importantes, en detrimento ante todo del pastoreo y, en general, de una actividad, la ganadera, que ya había entrado en crisis abierta con anterioridad. Hoy, y en los hechos, sólo 141.000 hectáreas son administradas por comunidades locales en un escenario en el que las leyes permiten activos controles externos y la propia enajenación de las tierras comunales, en forma de expropiación, de privatización o de simple supresión.

 Aclararé, y vuelvo al argumento general, que no se trata, o no se trata necesariamente, de hacer reaparecer el pasado comunal: se trata de fortalecer la vida local en el mundo rural, de recuperar sus muchos y valiosos elementos de

---

[18]. Sigo el argumento de Brouwer, s. d. Véanse también Dias, 1983; Dias, 1984; Fontes, 2016; Rodrigues, 1987, y Saraiva, 1979: 306-307.

preservación de sabidurías ancestrales respetuosas con el medio natural, de permitir una distribución racional de la riqueza y de cancelar un sinfín de flujos autoritarios. Lo resume bien, de nuevo, Roa Llamazares cuando identifica las virtudes de los comunales: asegurar la reposición de los nutrientes en los suelos cultivados, proteger frente a las inclemencias climatológicas, afrontar los cambios demográficos y fomentar la cohesión social[19]. A tono con algo que ya he sugerido, subraya el mismo autor que los comunales no han sido en modo alguno una fuente de subdesarrollo ni un freno para las innovaciones[20]. Tampoco se trata, en fin, de negar que en la sociedad agraria tradicional había, naturalmente, problemas y tensiones. El trabajo era duro, las mujeres ocupaban un infeliz lugar secundario y el cuidado de niños y ancianos se tomaba mucho tiempo. Pero nada de ello tenía el mismo relieve que la férula ejercida, primero por el orden feudal y más adelante por una plétora de instancias de poder. Creo firmemente que la reaparición de fórmulas que recuerden, en un grado u otro, al régimen de los comunales se hace singularmente urgente en el horizonte del colapso, tanto más cuanto que ahora no se trata de propiciar, perentoriamente, ese crecimiento económico que el capital considera irrenunciable. Podemos vivir mejor con menos.

Doy un salto más, el último, en este apartado para referirme a lo que bien puede entenderse que es una suerte de correlato político del régimen de los comunales. Hablo de lo que en castellano a menudo se ha conocido como los *concejos abiertos*, no sin que falten otros términos para describir realidades más o menos similares. Tengo en mente espacios asamblearios que tomaban, y en su caso todavía toman, decisiones sobre los bosques o sobre el volumen deseable de ganado, siempre desde el horizonte

---

19. Roa Llamazares, 2017: 99.
20. Roa Llamazares, 2017: 100.

del autogobierno. Los concejos tuvieron probablemente su origen en muchas prácticas del mundo musulmán ibérico, en cuyas villas y ciudades proliferaron comunidades de vecinos eventualmente organizadas en milicias[21]. De los concejos —*concelhos* en gallego-portugués— quedaron excluidos, llamativamente, los señores, toda vez que los primeros habían surgido en virtud de la libre voluntad de los vecinos, que en los hechos obligaron a aquellos, a los señores, a aceptarlos[22]. Los vecinos tenían derechos iguales al amparo de una comunidad autogobernada en la que se desarrollaban elecciones anuales y en la que se discutían todas las cuestiones. Esa comunidad trataba problemas de todo orden: fiscales, de reparto de fincas, civiles, judiciales, procesales, penales, políticos y militares[23]. Bueno será que recuerde, en fin, que en muchos lugares los concejos han pervivido, en cierto sentido, hasta hoy. No es en modo alguno desdeñable que su restauración, o la introducción de fórmulas en un grado u otro similares, sirva de fundamento para espacios autónomos de muy diversa índole, como los que me atraerán en el siguiente epígrafe.

LO QUE HAY QUE INTRODUCIR

Tiene sentido prestar atención a cinco ámbitos distintos en los cuales parece inevitable se registren novedades en lo que hace a la Iberia vaciada.

Esos ámbitos son los propios de la agroecología, de un empleo más racional de la energía, de la reordenación del territorio y del transporte, del despliegue de algunas

---

21. Borges Coelho, 2017: 141-142. Sobre el origen medieval de muchas de estas instancias, ahora en la Europa *cristiana*, se leerá con provecho el libro de Fabrice Mouthon titulado *Les communautés rurales en Europe au Moyen Âge*; véase Mouthon, 2014.
22. Borges Coelho, 2017: 145.
23. Borges Coelho, 2017: 142.

novedades en el ámbito de la economía convencional y, en fin, de la acción, en diversas formas y con las correspondientes controversias, de las instituciones.

1. A buen seguro que el más relevante de esos ámbitos es el primero: el de la agroecología. Empezaré señalando al respecto que, aunque he incluido la agroecología en la rúbrica de los procesos que hay que introducir, la apuesta correspondiente reclama a menudo la recuperación de prácticas autóctonas que en muchos casos han pervivido espontáneamente, no en vano las transformaciones tecnológicas apenas se han hecho valer, en las últimas décadas, en determinados escenarios[24]. La agroecología bebe, sí, de aportaciones del conocimiento científico, pero también, y en lugar prioritario, de las derivadas de sabidurías populares ancestrales que con frecuencia se han desplegado de manera colectiva.

Objetivo mayor de la agroecología es restaurar la biodiversidad perdida. Se trata, en otras palabras, de multiplicar el número de las especies cultivadas, en un escenario que permita, por añadidura, conservar el agua y los nutrientes, por un lado, y evitar el deterioro de los suelos, por el otro. Al respecto se impone utilizar la complementariedad de rasgos entre las diferentes especies para propiciar un mejor uso de los recursos y un incremento de la productividad total del ecosistema, garantizar la presencia de una cobertura arbórea permanente, facilitar el despliegue de regulaciones naturales frente a los bioagresores —y emplear las propiedades de las plantas frente a estos últimos— y utilizar eficientemente la luz, el agua y los nutrientes recién mencionados[25]. La permacultura se antoja vital al efecto, de la mano de un uso racional de los recursos y de la energía disponible, del empleo de semillas locales,

---

24. Malézieux y otros, 2018: 204.
25. Malézieux y otros, 2018: 205-206.

del designio de combinar la presencia de animales y plantas de forma integrada o del propósito de compostar los restos orgánicos para producir abono. Conviene recordar, con Marc Badal, que "cuanto más diverso es un agroecosistema, menos insumos requiere"[26]. Cuando, por el contrario, ha perdido diversidad, necesita un sinfín de cambalaches como los que cita el propio Badal: maquinaria, combustible, abonos, herbicidas, fitosanitarios, invernaderos, sistemas de riego, variedades de alto rendimiento, antibióticos...[27].

Parece perfectamente factible recuperar puestos de trabajo merced a la producción agrícola biológica, y ello aun cuando no se alcancen los niveles de empleo característicos de la agricultura del XIX. Habría que renunciar, en cualquier caso, a la agricultura industrial y al uso masivo de pesticidas y abonos químicos, prescindiendo, claro, de las productividades consiguientes. Según una estimación que maneja Latouche para Francia, la población activa en la agricultura, que hoy es, en ese país, de un 3-5 por ciento del total, se situaría en un 10-20 por ciento[28]. A ello podrían sumarse los efectos, en materia de creación de empleo, de las energías renovables y de un renacer de las actividades artesanales, en un marco de mayor autonomía, y de despliegue de fórmulas de apoyo mutuo, de las comunidades humanas. Latouche habla al respecto —ya me he referido al concepto— de "abundancia frugal en una sociedad solidaria"[29].

Es verdad, aun con todo, que hoy la agroecología, más costosa, sigue teniendo un peso reducido, vinculado con circuitos marginales de movimientos sociales críticos, y con escasa penetración en la economía *oficial*. A ello se agrega un hecho importante: no suele manifestarse en las

---

26. Badal, 2017: 58.
27. Badal, 2017: 58.
28. Latouche, 2019: 88-89.
29. Latouche, 2019: 95.

comarcas más deprimidas, y sí en las más próximas a los núcleos urbanos. Lo anterior al margen, sobre la propuesta correspondiente pende una discusión delicada, como es la relativa al peso que hay que atribuir a la ganadería. Las disputas al respecto de ésta son varias. Una de ellas divide a quienes quieren cancelar por completo el uso económico de los animales y, con él, el consumo de carne, y a quienes se contentarían con reducir, cierto que sensiblemente, el consumo de proteínas de origen animal. Parece, de cualquier modo, que se va abriendo camino una conciencia crítica en lo que atañe a las desventuras que, en forma de sufrimiento para los animales, acarrea la industria cárnica y en lo que hace a los efectos, ingentes, de ésta en materia de cambio climático. Al tiempo que se ha ido extendiendo el rechazo de los piensos industriales, ha ganado terreno la sustitución de éstos por formas de alimentación local no dependientes del petróleo[30]. Agregaré, en fin, que tanto la agricultura como la ganadería presentan perfiles distintos en el norte, por un lado, y en el centro y el sur, por el otro, de la península ibérica, de tal suerte que, a buen seguro, habrá que perfilar respuestas diferentes acordes con los escenarios. Entre ellas hay que tomar en consideración, claro, la eventualidad de la expropiación de tierras, particularmente necesaria en las llanuras de Aragón, las dos Castillas, la Extremadura española, Andalucía y el Alentejo, acaso en provecho de fórmulas colectivo-autogestionarias que permitan acabar con los latifundios y, en paralelo, con el monocultivo.

2. Por detrás de la propuesta de la agroecología, y en segundo lugar, urge desarrollar energías renovables y autónomas. Me limito a recoger lo que sugiere al respecto un informe de Ecologistas en Acción:

---

30. Asociación Véspera de Nada por unha Galiza sen Petróleo, 2019: 90.

Finalmente, entre estas fuentes realmente renovables, además de la hidráulica, la solar y la eólica, tendrá que figurar la biomasa como combustible principal. En un contexto de cambio climático y de degradación ecosistémica, que requiere un aumento de la superficie forestal, no sólo habrá que desarrollar una gestión forestal exquisita sino, sobre todo, habrá que reducir de manera importante las actividades que requieran combustión. Una de estas actividades sería inevitablemente el transporte motorizado, pero también el cocinado, la calefacción (cada vez menos necesaria con el cambio climático, muy regulable a la baja, por ejemplo calentando a las personas y no al conjunto de las estancias, y limitable en la medida en que se apueste por el aislamiento) y la refrigeración de espacios[31].

Aunque de esto ya he tenido la oportunidad de hablar, será preciso rehabilitar muchas casas para aislarlas mejor, buscar procedimientos más eficientes de abastecimiento energético y, en general, ahorrar energía. La apuesta habrá de serlo, preferiblemente, por viviendas pequeñas y bien orientadas, con localización que facilite el suministro de agua y con instalaciones auxiliares como almacenes, cuadras... En paralelo, lo suyo será optar por superficies agrícolas manejables, ni en exceso grandes ni en exceso pequeñas, con presencia abundante de árboles, en particular frutales. Sin descartar, ciertamente, la construcción de nuevas viviendas conforme a criterios ecológicos y sociales.

3. En un tercer escalón, habrá que repensar la ordenación del territorio y, con ella, los sistemas de transporte. Con respecto a lo primero, me limitaré a hacerme eco del debate relativo a la conveniencia de perfilar, donde falten, núcleos de población que, relativamente importantes, en la Iberia vaciada puedan servir de nexos comarcales y

---

31. Ecologistas en Acción, 2020: 29.

acopien determinadas capacidades en provecho de las restantes localidades. Aunque generar artificialmente esos núcleos pueda ser una operación delicada, hay quienes estiman que semejante tarea rinde inequívocos beneficios. Los núcleos en cuestión pueden contribuir a agilizar, por añadidura, los transportes y a facilitar las comunicaciones.

Menudean las discusiones relativas al tamaño deseable de esos núcleos de población, y de las localidades acompañantes, con controversias que no reculan. Greer concibe, en el caso de Estados Unidos, una trama de pueblos que, de entre 5.000 y 10.000 habitantes, y con unas 2.000 familias como media, harían un uso intenso de tecnologías verdes y de fórmulas de permacultura[32]. Otros autores entienden que en el escenario del colapso un mínimo de 2.000 habitantes parece aconsejable para los núcleos de población, toda vez que localidades menores plantearían problemas obvios[33]. Según Pedro Prieto, en ese escenario cada habitante del medio rural deberá disfrutar de al menos entre 5 y 8 hectáreas de tierra fértil, con agua disponible.

Aunque la casuística en lo que hace a transportes y comunicaciones es muy variada, tengo la convicción de que a menudo el problema no es la ausencia de infraestructuras, sino, antes bien, la apuesta descarada por el uso privado, y elitista, de estas últimas. En una provincia española claramente inserta en la Iberia vaciada como es la de Zamora, las infraestructuras —autovías, alta velocidad ferroviaria— son razonablemente sólidas. Para beneficiarse de algunas de ellas hace falta disponer, sin embargo, de un vehículo, en relación con las autovías, o contar con recursos monetarios importantes, en lo que respecta a la alta velocidad. Quien carezca de estos aditamentos está perdido, y ello pese a las inversiones realizadas.

---

32. Greer, 2009: 179.
33. Prieto, 2004: 12-14 y 22-23.

No quiero dejar en el olvido, en un terreno próximo, la polémica que tienen por fuerza que suscitar, en las comarcas deprimidas, las sugerencias que proponen doblar las carreteras. La pregunta está servida: esa operación de doblado, ¿va a permitir que la población quede fijada al territorio o, por el contrario, va a facilitar la huida de esa población hacia núcleos urbanos importantes? Tampoco pueden olvidarse, en suma, los numerosos problemas que acompañan a la obsesión, promovida por las autoridades, de mejorar las comunicaciones con las grandes capitales, en beneficio de Madrid o de Lisboa, y en detrimento de unas relaciones horizontales que bien podrían ser más provechosas. Entiendo perfectamente que se subraye el significado simbólico del hecho de que Teruel sea la única capital de provincia española que carece de una conexión ferroviaria directa con Madrid. Pero me veo en la obligación de preguntar si es tan vital una conexión ferroviaria con Madrid mientras se mantiene el deterioro de las infraestructuras y de las comunicaciones locales. La conciencia, en fin, de que habrá que desplazarse menos y hacerlo con el menor gasto posible de energía aconseja recelar de oficio de lo que significan autovías y trenes de alta velocidad, como aconseja apostar con rotundidad por el tren convencional y sus prestaciones.

4. Doy un cuarto salto para abordar varias de las propuestas que afectan a la economía al uso, algunas venturosas y otras, acaso, no tanto. La primera remite a la intensificación del empleo de la Red en todas sus dimensiones. Aunque en modo alguno se trata de negar las posibilidades que se abren en lo que respecta, por ejemplo, al teletrabajo —otra cosa es la discusión, por fuerza agria, sobre este último—, son varias las razones que invitan a la prudencia. Señalaré, por lo pronto, que los niveles de cobertura de Internet, en las zonas deprimidas, siguen siendo todavía bajos, a lo que se agrega el hecho de que una población

comúnmente envejecida a duras penas se beneficiará de las tecnologías correspondientes. Pero, si abrimos el debate del colapso, lo suyo es que recordemos que éste no será un proceso tranquilo que permitirá preservar, en virtud de acuerdos generales y pausados, las capacidades de la Red. Esta última se hallará seriamente en peligro y lo más probable es que se reduzcan sensiblemente sus prestaciones, y ello por mucho que apostemos por el *software* libre y por el asentamiento de lo que ha dado en llamarse *comunes digitales*[34]. Esto al margen, conviene tomar conciencia de la dimensión individualizadora de las tecnologías que me ocupan y pensar seriamente en la necesidad de recuperar relaciones humanas no lastradas por ella.

Un segundo horizonte polémico lo aporta el turismo rural, normalmente plasmado en la construcción, o en la reconstrucción, de casas, al amparo de lo que Del Romero Renau llama "monocultivo residencial", muy lejos del designio de recuperar el patrimonio rural y natural. Aunque hay, es cierto, excepciones, no parecen grandes los progresos realizados para vincular el turismo rural con la conservación de la naturaleza, con la producción de alimentos y con la artesanía local[35]. Es débil, muy débil, la oferta en materia de agroturismo, de senderismo, de turismo cultural y gastronómico, y fuertes resultan, en cambio, las actividades que degradan el medio. Parece inevitable asumir una discusión crítica en relación con un modelo turístico que en tantos lugares se ha ido ostensiblemente de las manos y que se verá indeleblemente tocado por el cambio climático, por el agotamiento de las materias primas energéticas y por eventuales pandemias.

Nada hay que oponer, en cambio, en la Iberia vaciada, al establecimiento de lazos directos, sólidos e interactivos entre productores y consumidores, desarrollados a través

---

34. Ecologistas en Acción, 2020: 33.
35. Romero Renau, 2018: 193-194.

de ferias locales, grupos de consumo o canales de distribución que permitan sortear a intermediarios y a grandes empresas. Tampoco hay ningún motivo para rechazar el despliegue de servicios ambulantes como los materializados en empresas encargadas de hacer la compra —en provecho de localidades alejadas— en núcleos de población más grandes, en iniciativas que proporcionan comida cocinada a la gente mayor o en fórmulas de comercio itinerante[36].

5. Me adentro, en suma, en un quinto y último ámbito, éste manifiestamente cenagoso. Me refiero a un puñado de propuestas que, al menos en el estadio actual, reclaman la intervención de las instituciones y, por lógica, reducen la posibilidad de despliegue de prácticas autogestionarias. Confesaré que me asaltan muchas dudas en este terreno. En mi cabeza se mezclan, por un lado, prejuicios ideológicos —soy un libertario a la europea o, si así se quiere, un anarquista—, la convicción, por el otro, de que lo suyo es que, en un recinto muy delicado y marcado indeleblemente por un sinfín de discriminaciones, esas instituciones aporten lo que corresponda y, en fin, y por dejarlo ahí, la certeza de que, como apuesta de futuro, y en el marco del colapso, el Estado y sus aparatos son un arma de doble filo. No desdeño en modo alguno, de cualquier forma, que, en un escenario de eventual desaparición del Estado en provecho de instancias autogestionarias, estas últimas pudieran encargarse de menesteres como los que me interesan a continuación.

Pienso, en primer lugar, en la sanidad, la educación y la atención a la tercera edad. Parece razonable demandar más recursos públicos para estos tres menesteres, y para algunas de sus concreciones, como es el caso de ambulatorios y hospitales, de escuelas en las que no se acumulen, en

---

36. Romero Renau, 2018: 244.

una misma aula, alumnos de diferentes edades o de residencias de mayores, sometidas éstas, ciertamente, a muchas disputas en los últimos tiempos. Permita el lector que me refiera al respecto a una demanda, la de allegar mayores recursos destinados al sistema educativo en la Iberia vaciada, con fortalecimiento de figuras como la del *maestro rural*, que se escucha en muchos lugares. A su amparo habrían de reaparecer materias escolares que guarden relación estrecha con la cultura local y podría desarrollarse un sistema de intercambios en virtud del cual el alumnado del medio urbano realizase cursos y prácticas en el rural[37]. Aunque, para decirlo todo, y no estoy ironizando, en muchos lugares lo que es prioritario es que no desaparezca el bar o, en la eventualidad de que ya haya desaparecido, que se pongan los cimientos para que reabra. Nunca se subrayará lo suficiente el relieve de los bares como lugares de encuentro e intercambio. Y quien dice los bares dice otros establecimientos o invoca la necesidad de que no se cierren estaciones de tren o paradas de autobuses.

Pero estoy obligado a mencionar también la necesidad de articular medidas —deducciones fiscales, por ejemplo— que permitan mantener la población en el mundo rural y atraigan hacia éste a nuevos habitantes. Deben contribuir, en paralelo, a financiar las administraciones locales y a fortalecer la recuperación de los espacios comunales, asignando al efecto recursos para su mantenimiento. Aunque las iniciativas al respecto tengan un muy dudoso carácter autogestionario, podrían propiciar, por añadidura, el reconocimiento de rentas básicas para la población rural. María José Martínez y Enrique Díez sugieren que podrían aplicarse a quienes residen en áreas con una densidad inferior a 25 habitantes por kilómetro cuadrado[38].

---

37. Romero Renau, 2018: 241.
38. Martínez Rejas y Díez Gutiérrez, 2020.

Salta a la vista, sin embargo, que en lo que atañe a medidas como las que ahora me interesan, lo suyo es que, al amparo de una imaginable repoblación humana, el colapso dificulte visiblemente su introducción.

LO QUE HAY QUE RECHAZAR

Entiendo que, habida cuenta de las ideas e iniciativas que he manejado en los epígrafes anteriores, es evidente cuáles son las apuestas, en la mayoría de los casos una triste realidad, que hay que repudiar. Si, al efecto, tengo que echar mano de un argumento rápido, diré que hay que rechazar aquellas fórmulas que se enfrentan a los siete verbos cuyo despliegue defendí con anterioridad: decrecer, desurbanizar, destecnologizar, despatriarcalizar, descolonizar, desmercantilizar y descomplejizar. La necesidad de buscar horizontes distintos de los hoy imperantes creo yo que se acelera a medida que se acerca el riesgo de un colapso general del sistema. Las cosas como fueren, quiero referirme a varias tareas perentorias, como son la crítica de la agroindustria, el cuestionamiento de la destrucción —que prosigue— de los bosques, la paralela contestación de faraónicos modelos hidráulicos, y, en fin, la discusión sobre una trama económica y tecnológica llena de supersticiones.

1. La agroindustria no se desarrolló para mejorar la calidad y cantidad de los alimentos, sino para aumentar la productividad, el rendimiento y el beneficio empresarial en el corto plazo. Ha acarreado, por lo demás, daños irreparables en los suelos, ha diezmado un sinfín de recursos renovables[39] y ha propiciado el asentamiento de procesos que, como los vinculados con el monocultivo, la mecanización y

---
39. García Camarero, 2019: 63.

la mercantilización, se hallan fuera de control. En crisis abierta, la agroindustria es insostenible e irracional, frente a la racionalidad que muestran muchos de los elementos de las agriculturas tradicionales.

En un momento como el presente se impone subrayar que el auge de la agroindustria se ha medio solapado con lo que en muchos casos ha sido la muerte de los comunales. Me permito señalar una vez más que estos dos procesos han supuesto una pérdida dramática de arbolado, la desaparición de las capas más fértiles del suelo y el estímulo a la erosión, la roturación de tierras a menudo no aptas para el cultivo, un énfasis visiblemente abusivo en los cereales, la extensión del monocultivo recién mencionado, la proliferación de plagas, el retroceso de viñas y frutales, y, al cabo, una dramática pérdida en materia de biodiversidad[40]. El ganado, por su parte, ha reculado como fuente de abono y como fuerza de tiro, y es alimentado con piensos industriales, al amparo de explotaciones estabuladas. Por detrás se ha acrecentado la dependencia con respecto a la mecanización, a los abonos, a los pesticidas, a los fertilizantes y a los combustibles fósiles.

Para que nada falte, la combinación de agroindustria y desaparición de los comunales se ha traducido en una creciente desigualdad, en buena medida amparada en la proliferación de una mano de obra barata. De resultas, se ha asentado una casta de propietarios muy poderosos, a menudo entregados a prácticas autoritarias y con la institución Estado a su servicio. Ha despuntado también una ideología del progreso empeñada en despreciar al campesinado y en ensalzar las presuntas virtudes de la ciencia, la tecnología y el crecimiento. Al calor de esa ideología han retrocedido, como no podía ser de otro modo, las estructuras y los valores comunitarios mientras ganaba terreno una activa mercantilización de todas las relaciones,

---

40. Roa Llamazares, 2019: 11 y ss.

siempre en provecho, claro es, de empresas alimentarias que imponen reglas —precios, en singular— de obligado cumplimiento. Aunque las grandes explotaciones parecen más rentables, lo son en provecho de unos pocos y exigen herramientas y energías que van a escasear en el futuro, de tal suerte que estamos obligadas a recelar de la idea finalista que sugiere que la propiedad privada es el culmen de la historia humana.

2. No está de más que acometa una consideración, siquiera breve, sobre dos procesos inmersos en todo lo anterior. Me refiero a la destrucción operada en los bosques y a las secuelas de lamentables políticas en relación con el agua. Por lo que a los bosques se refiere, es evidente que su desaparición es una de las causas mayores de la despoblación. Saltan a la vista, en paralelo, los efectos negativos —acidificación, dificultades para el despliegue del sotobosque, consumo excesivo de agua— de la plantación masiva de pinos y eucaliptos, frente a las prácticas propias del bosque comunal[41] y en descarado provecho, una vez más, de los intereses de grandes empresas. Todo ello hasta el punto de que cabe preguntarse, claro, si el proceso consiguiente es reversible. Pero hay que hablar también de los negocios vinculados con los incendios forestales, de nuevo al servicio de grandes empresas que utilizan la madera correspondiente y en ocasiones procuran allanar el camino a suculentos proyectos inmobiliarios. La realidad de las últimas décadas es la de una reforestación nada inteligente, subordinada a intereses empresariales y alentada por los gobernantes.

Por lo que al agua se refiere, se han hecho valer modelos hidráulicos mastodónticos claramente volcados al servicio de la agricultura intensiva y del abastecimiento de las zonas industriales. La agricultura intensiva ha acabado por

---

41. Romero Renau, 2018: 137.

tener secuelas negativas —agotamiento del agua, contaminación de las capas freáticas, de los ríos y de los océanos, *vacas locas*, pestes porcinas— que anulan los presuntos efectos saludables derivados del crecimiento que ha generado[42]. De por medio, y ante la sobreexplotación de los acuíferos, apenas se han desplegado medidas de preservación de un bien cada vez más escaso. Faltan con claridad políticas que apunten a evitar pérdidas, a facilitar un control comunitario de los pozos, a propiciar un mayor aprovechamiento del agua de lluvia o a construir desalinizadoras. Los modelos al uso han alterado dramáticamente, en suma, el cauce de los ríos y, con él, el hábitat de regiones enteras.

3. Formulo, en fin, alguna rápida observación sobre la trama económica y tecnológica que está por detrás de buena parte de lo anterior. En esa trama están inmersos el acaparamiento de tierras por los fondos de inversión, el universo de los intermediarios, las prácticas de la industria alimentaria —con las macrogranjas en lugar singularmente relevante en los últimos tiempos—, la alta velocidad ferroviaria y sus miserias, y, por dejarlo ahí, las ficciones generadas por proyectos faraónicos vinculados con el ocio o el juego, como el que se proyectó desarrollar, y es un ejemplo entre varios, en los Monegros aragoneses. Pero participan también dos grandes ilusiones. La primera es la de la industrialización, que nos invita a concluir, contra toda evidencia, que la única salvación para la Iberia vaciada es la que pasa por reproducir miméticamente el modelo que, al respecto, se ha hecho valer en muchos lugares. Qué absurda se antoja la propuesta correspondiente en un escenario, el presente, lastrado por la lógica de la globalización depredadora, desterritorializadora y concentradora de la riqueza, y marcado indeleblemente por el riesgo

---

42. Latouche, 2019: 28.

de un colapso general. La segunda de las ilusiones es la que remite a una tecnología presuntamente salvadora, que va a permitir que los ancianos se desenvuelvan con soltura en la Red, que la atención médica se dispense a distancia, que los drones nos provean de medicinas, que los automóviles funcionen solos, que Amazon llegue en unos minutos al último rincón del planeta y que las tareas agrícolas se desarrollen sin presencia humana.

Creo firmemente que a un problema principal, el que surge del hecho de que esas tecnologías no son neutras, se suma otro que recuerda cuál es la condición de quienes, infelizmente, las controlan. Más allá de ello habrá que preguntarse, claro, qué quedará de ellas en el escenario del colapso y de dónde saldrá la energía que nos permitirá ponerlas en funcionamiento.

CAPÍTULO 4
CONCLUSIONES

Mi propósito en este cuarto, y último, capítulo es acopiar un puñado de discusiones que responden en sustancia a dos objetivos mayores: resumir, por un lado, el contenido de algunas de las materias que he abordado y referirme, por el otro, a cuestiones por las que no me he interesado o no lo he hecho de manera suficiente. Al respecto me referiré al debate demográfico, a la situación de las mujeres, al fenómeno de la *neorruralidad*, al modelo económico que debe perfilarse, a las biorregiones, a las formas de organización colectiva, a la disputa sobre el vigor de valores y prácticas precapitalistas, a las secuelas de la pandemia iniciada en 2020, a algunas de las controversias derivadas de un eventual colapso en la península ibérica y, en fin, a la conveniencia, acaso, de acelerar la manifestación de éste. Como se apreciará, los argumentos que vierto tienen un carácter general y apenas invitan a distinguir los escenarios español y portugués.

QUÉ HACER CON LA POBLACIÓN

No hay terreno más cenagoso que el que aporta el debate sobre la población, o sobre la despoblación. Y ello hasta el punto de que resulta difícil, por no decir imposible, fijar al respecto un criterio claro y firme. Si tengo que explicar pedagógicamente lo anterior, llamaré la atención sobre dos lecturas —legítimas ambas, pero enfrentadas— de la realidad correspondiente.

La primera de esas lecturas enuncia una obviedad: si percibimos en la Iberia vaciada un problema que, con toda evidencia, guarda relación con la despoblación, una de las respuestas elementales ante ese problema consistirá en apostar por un activo incremento, en esa Iberia, de la población humana. Semejante aserción se antoja tanto más de cajón cuanto que por detrás opera una inferencia al parecer insorteable: la de que el mantenimiento de una población avejentada exige la presencia notable de integrantes de las generaciones jóvenes[1]. En sentido contrario, la segunda lectura parte de la conciencia de que una repoblación acelerada bien puede contribuir a recrear muchos de los elementos nocivos que se han revelado en las ciudades y a arrinconar, de resultas, las virtudes, y las ventajas comparativas, que se manifiestan en la Iberia vaciada. Aclararé que hablo, ahora, de una repoblación registrada con anterioridad a un imaginable colapso.

A esas dos percepciones opuestas conviene agregar, con todo, el peso de otras discusiones llamadas a provocar que la confrontación sea aún más agria. La primera llama la atención sobre el horizonte de una repoblación que, realizada en condiciones muy delicadas, sea el resultado del colapso y, con él, de la llegada masiva de personas que huyen de los centros urbanos. No creo que haga falta mencionar los problemas que generaría. La segunda nos invita a sopesar las muchas dudas que rodean a la identificación, demasiado rápida, entre población y *desarrollo*, por un lado, y despoblación y *subdesarrollo*, por el otro. Al respecto la

---

[1]. La despoblación es un fenómeno con relieve mucho más limitado en Alemania, Francia y el Reino Unido, que han conseguido retener a una parte significada de la población joven en las zonas rurales. Presenta, sin embargo, un perfil más próximo al ibérico en algunas regiones de Italia.

perspectiva del decrecimiento sugiere tomemos con muchas cautelas las simplificaciones consiguientes. La tercera, en fin, aconseja asumir de buen grado que el debate demográfico no presenta el mismo perfil en los distintos territorios. En el caso de la península ibérica, y de la mano de un argumento muy general, la despoblación no se revela conforme a patrones similares, sin ir más lejos, en las tierras más septentrionales y en las más meridionales.

Tal y como ya he avanzado, me resulta imposible salir razonablemente airoso de este atolladero. Supongo que lo único sensato que puede decirse es que hay que huir de una repoblación rápida y masiva, al tiempo que hay que escapar, también, del tétrico panorama presente. En relación con esto último, parece prioritario evitar que las generaciones más jóvenes, y las que no lo son tanto, sigan abandonando la Iberia vaciada. La autocontención es, en cualquier caso, una buena guía en el ámbito que me ocupa, y lo es tanto más si queremos preparar el terreno a una actitud solidaria ante las desgracias derivadas del colapso. Semejante objetivo, muy respetable, no debe hacerse valer, sin embargo, a costa de cancelar el vigor de una paradoja: las áreas que tradicionalmente describimos como *deprimidas* son, al menos en una primera lectura, las que mejor lo llevarán en el escenario del colapso mencionado. ¿Por qué? Porque son las que menos dependen de tecnologías y energías que por definición tienen que llegar de lejos. Subrayo, aun con todo, lo de la primera lectura, por cuanto la llegada masiva de población procedente de las ciudades a buen seguro que cambiará, y abruptamente, el panorama.

LAS MUJERES

Es importante, importantísimo, abordar la situación de las mujeres en la Iberia vaciada. Y es importante hacerlo —permítaseme el tópico— por cuanto resulta inevitable subrayar que si en el caso de las mujeres se hacen valer con fuerza los problemas generales que afectan a esa Iberia, a ellos se suman, de manera específica, los derivados de la condición femenina.

Las mujeres fueron comúnmente marginadas en las sociedades anteriores a la despoblación. Uno de los indicadores de esa circunstancia se revela de la mano de su débil acceso a la propiedad, tanto en España como en Portugal. Con niveles de alfabetización menores que los de los hombres, a comienzos del siglo XX el porcentaje de mujeres que sabían leer y escribir era, en España, un 20 por ciento inferior al de los hombres[2]. Un siglo después las mujeres recibían salarios inferiores a los de los varones y asumían trabajos peor remunerados y más precarios. Su vida laboral, embarazos de por medio, era, por añadidura, más corta, al tiempo que el trabajo doméstico resultaba a menudo agotador. En 2009, y por otra parte, el porcentaje de mujeres portuguesas con 15 o más años de edad que no habían sido escolarizadas era de un 14 por ciento, frente al 7 por ciento que afectaba a los hombres[3]. En 2008 el salario medio de los varones era en Portugal un 23 por ciento superior[4]. Si los datos mencionados tienen —creo— un carácter general, parece razonable concluir que en el medio rural eran aún más lacerantes.

En semejante escenario no puede sorprender que muchas mujeres del medio rural optasen por emigrar a las ciudades, donde se les prometían mejores empleos, horizontes más agradables y el alejamiento con respecto a formas de vida con frecuencia rígidas y represivas. Al final del capítulo tercero de su libro *Tierra de mujeres*, María Sánchez se pregunta si el problema de la despoblación no habrá surgido de la falta de atención y de la permanente

---

2. Collantes y Pinilla, 2019: 126.
3. Valente Rosa y Chitas, 2010: 34.
4. Valente Rosa y Chitas, 2010: 70.

discriminación padecidas por las mujeres en el mundo rural[5]. Dejemos hablar a esta autora:

Porque es ésta la historia de nuestro país y de tantos: mujeres que quedaban a la sombra y sin voz, orbitando alrededor del astro de la casa, que callaban y dejaban hacer; fieles, pacientes, buenas madres, limpiando tumbas, aceras y fachadas, llenándose las manos de cal y lejía cada año, sabedoras de remedios, ceremonias y nanas; brujas, maestras, hermanas, hablando bajito entre ellas, convirtiéndose en cobijo y alimento; transformándose, con el paso de los años, en una habitación más que no se hace notar, en una arteria inherente a la casa[6].

Si el mundo rural, aun con todo, se mantiene en pie, ello ha sido en buena medida gracias a las mujeres, tan decisivas como olvidadas en lo que hace al trabajo de cuidados y, con él, al mantenimiento de la vida. Llamativo resulta que esto, aún hoy, no sea objeto de reconocimiento franco, como si las mujeres no estuvieran ahí. El crecimiento, cuantitativo y cualitativo, del feminismo en el medio urbano ha resultado ser mucho más fácil que en un escenario de conocimientos personales y controles como es el propio, comúnmente, del mundo rural. Y en esas condiciones no hay motivos para augurar un progreso rápido en lo que hace al reparto de los cuidados mencionados, a la cancelación de las reglas de la sociedad patriarcal y al despliegue, en este ámbito, de grupos de apoyo mutuo. Tampoco resulta sencillo descartar que en el horizonte del colapso se vayan a registrar retrocesos en lo que atañe a los livianos avances que, en ámbitos varios, han afectado a la condición de las mujeres.

Las cosas como fueren, parece urgente arbitrar iniciativas de acción positiva que operen en provecho de las mujeres,

---
5. Sánchez, 2019.
6. Sánchez, 2019: 34.

que combatan la masculinización de la vida rural, que rompan con los roles de género tradicionales, que faciliten el reparto del trabajo de cuidados y que propicien el despliegue de esos grupos de apoyo mutuo que acabo de mencionar[7].

NEORRURALIDADES

No me he referido en este texto, o apenas lo he hecho, a lo que normalmente se describe como *neorrurales*. Hablo de gentes que, en número no despreciable, han abandonado el medio urbano para pasar a vivir en el rural con la esperanza de integrarse en éste y anclarse en el escenario correspondiente. No es un fenómeno nuevo, sino una realidad que se ha revelado, en el tiempo, en varias oleadas de entre las cuales acaso conviene rescatar dos. La primera remite a un rechazo, en el siglo XIX, frente a la urbanización y la industrialización. La segunda, bien entrado el siglo XX, se ha manifestado en ocasiones, a menudo a través de códigos contraculturales, como reflejo de la conciencia de una crisis ecológica que iba a más[8].

Las causas de la neorruralidad son varias. Una de ellas, obvia, es la mala situación económica originaria, en el medio urbano, de estas personas. Otra bien puede ser la búsqueda de un contacto más estrecho con la naturaleza y el disfrute de un clima eventualmente más atractivo. Con frecuencia se identifica, también, un intento de encontrar una vida más sencilla, de la mano de la huida con respecto al ritmo frenético propio de las ciudades[9]. A tono con la segunda oleada que he mencionado unas líneas más arriba, no faltan, claro, en modo alguno, los ejemplos de compromiso político y social al amparo, por ejemplo, de lo que significan el decrecimiento y perspectivas afines.

---

7. Martínez Rejas y Díez Gutiérrez, 2020.
8. Cerdà, 2016: 144.
9. Cerdà, 2016: 144-145.

No es sencillo trazar un balance de lo ocurrido con los neorrurales. Cierto es que los fracasos han estado a la orden del día. Muchas personas han regresado, desengañadas, a la ciudad. Por detrás a menudo se ha revelado lo que en los hechos era un desconocimiento previo y, tal vez, una idealización de la vida rural. Esas personas llevaban dentro de la cabeza expectativas que poco se ajustaban a la realidad, y adaptarse a ésta no era, en esas condiciones, sencillo. A ello bien pudieron agregarse las consecuencias de competencias limitadas, los efectos de una búsqueda de lo que eran en ocasiones opciones estrictamente individuales y, en fin, las secuelas de una integración difícil. Pese a ello, y tanto en el caso español como en el portugués, despuntan también ejemplos de experiencias exitosas —hay ecoaldeas y cooperativas integrales que han salido razonablemente adelante— y fenómenos con relieve simbólico notable como el de Fraguas, en la provincia española de Guadalajara. No puede negarse que muchos neorrurales han sido fuente principal de innovación alternativa.

Mi impresión es que hay que prestar mucha más atención a la discusión sobre la neorruralidad. ¿Por qué? Porque en buena medida anticipa lo que puede ocurrir al amparo de una huida, masiva o no, de población de las ciudades en el escenario del colapso. Sospecho que no es casual, por cierto, que el fenómeno de la neorruralidad haya adquirido un peso singular en espacios relativamente cercanos a núcleos urbanos importantes, como, y son ejemplos entre varios, los que configuran Gredos y la llamada *sierra pobre* en el caso de Madrid.

EL MODELO ECONÓMICO ALTERNATIVO

Si se trata de dar cuenta del modelo económico y social que se defiende en estas páginas, lo primero que hay que subrayar es el peso ingente de la agricultura, y en general de la vida campesina, en la reconstrucción de la Iberia vaciada, y ello por mucho que sea razonable defender, al tiempo, una general diversificación de la economía. La apuesta tiene que acarrear en su meollo una general primarización de la economía en la que en ésta adquiera relieve singular, en el escenario del colapso, la producción de alimentos, y en la que experimenten un freno, en cambio, la construcción y el turismo. Lo anterior tiene que acarrear por necesidad un esfuerzo de relocalización y de desglobalización en un marco de defensa de la producción próxima, mucho más barata, de recuperación de la autosuficiencia y de la soberanía —tanto en el ámbito económico como en el político y el cultural—, de autogestión y de propiedad común o colectiva. No se trata en modo alguno, ciertamente, de alcanzar una autarquía plena. Importa, y mucho, propiciar una conjunción de intereses en el ámbito de biorregiones que acopien territorios "próximos, homogéneos y solidarios"[10]. De ellas me ocuparé inmediatamente.

Obligado estoy, con todo, a entrar en mayores detalles sobre la condición del modelo económico y social. Formulo algunas ideas al efecto. La primera subraya el peso del trabajo colectivo, y del apoyo mutuo. Lo suyo es que se expanda al respecto un "sector público no salarizado"[11], al amparo de una economía autogestionaria autosuficiente y entregada al despliegue de tareas de carácter comunitario. En términos generales cobrará cuerpo una activa desmercantilización del trabajo y de la tierra[12]. La economía monetaria al uso perderá enteros y proliferarán las monedas locales, que estimularán la búsqueda de formas autóctonas de financiación. El modelo consiguiente tendrá un carácter mucho más descentralizado que el del presente y se mostrará mucho menos dependiente de las decisiones de órganos directores. Será, en paralelo —hay que

---

10. Paul Ariès, cit. en Latouche, 2019: 106.
11. Ecologistas en Acción, 2020: 50.
12. Latouche, 2019: 94.

repetirlo— mucho más igualitario que el de hoy. Se asentará, en suma, en criterios de valoración de los hechos económicos y sociales muy diferentes de los que se nos imponen en estas horas. Conviene recordar que las áreas con mayor renta per cápita no son, o no son necesariamente, las que registran mayores índices de felicidad y de bienestar. Tanto la felicidad como el bienestar deben modularse conforme a principios como los que reclaman la autocontención, por un lado, y la sobriedad y la sencillez voluntarias, por el otro.

En la trastienda habrá que realizar un esfuerzo de dignificación de la vida rural. Me permito rescatar al respecto algo que escribí, poco tiempo atrás, para un libro titulado *Historias antieconómicas*. El texto dice así:

Hace unos años me cupo en suerte hablar sobre decrecimiento en tres institutos de bachillerato de la Galicia rural. Aunque no se me había pasado por la cabeza plantearlo, pregunté al centenar de adolescentes que, en cada salón de actos, asistía a esas charlas quiénes tenían un conocimiento, siquiera somero, de las faenas agrícolas y ganaderas. Sólo tres brazos, uno en cada grupo, se levantaron para confesar ese conocimiento. Si esto ocurría en la Galicia rural —pensé—, parece servida la conclusión de que no tenía sentido alguno formular una pregunta similar en Madrid o en Barcelona. Los urbanitas nada sabemos de las faenas agrícolas y ganaderas.

Unos meses después participé en una mesa redonda sobre soberanía alimentaria en Albacete, en La Mancha. Escuché con mucha atención a un hombre de mi edad que lo primero que hizo fue, con criterio inapelable, autodescribirse como campesino[13]. Aclaró que él era tal, y no un agricultor, término este último que remite sin rebozo a la neolengua de la Unión Europea y de su maravillosa política agraria incomún. Y explicó que, apoyados por

---

[13]. Claro es que el término no ha dejado de suscitar, también, polémicas. Véase, por ejemplo, Badal, 2017: 28.

sus progenitores, los pocos jóvenes que quedaban en el pueblo en el que vivía lo último que tenían en mente era dedicarse a plantar patatas, tomates y pimientos. La certificación de la vergüenza que les producía el trabajo de sus ancestros hizo, aun así, que se me encendiese una bombilla: acaso entre esos otros jóvenes que me escucharon, no sé si con mucha atención, en Galicia había bastantes más conocedores de las faenas del campo que quienes habían levantado el brazo. Lo que ocurría era que les producía genuina vergüenza confesar ese conocimiento. Ignoro, claro, si esta conclusión que acabo de enunciar invita a la alegría —aún queda esperanza— o, por el contrario, nos sugiere que debemos dar la batalla por perdida.

Cierto es que queda, con todo, una puerta abierta: la que bien podrían cruzar muchas de esas gentes inmigrantes que proceden de zonas rurales del África subsahariana o de América Latina y que conservan un tesoro de conocimientos que a nosotras nos han robado. Unos días antes de acudir a Albacete había tenido la oportunidad de leer un libro sobre textos escolares de la España del primer tercio del siglo XX. Brillaba con luz propia una materia llamada horticultura. ¿Estaremos a tiempo de recuperar esos conocimientos?

LAS BIORREGIONES

Una de las materias que no he abordado en este librito es la relativa a los mecanismos de coordinación entre los diferentes espacios de la Iberia vaciada. Sé que, con mayor o menor rapidez e intensidad, han ido apareciendo redes que se proponen comunicar experiencias e iniciativas. No es eso, con todo, lo que me interesa ahora aquí. Lo que atrae mi atención es, antes bien, la perspectiva de que los procesos que, en relación eventual con un colapso general, pueden hacerse valer en los próximos tiempos contribuyan a fortalecer el horizonte de lo que ha dado en llamarse *biorregiones*.

Las biorregiones surgen en virtud de una combinación de elementos proporcionados por realidades naturales más o menos homogéneas —con atributos propios en materia de fauna, flora, agua, clima, suelo y formas de emplear la tierra[14]— y culturas humanas de las que puede decirse otro tanto. La población de las biorregiones se asienta con frecuencia, eso sí, en comunidades que pueden diferir mucho en tamaño, complejidad, desarrollo y estabilidad[15]. En términos históricos esas comunidades se han caracterizado tanto por la independencia y la autosuficiencia como por la voluntad de anudar lazos entre sí. Autorreguladas, por lo general han permanecido al margen de la obsesión por el crecimiento, han mostrado una clara conciencia de los límites y se han entregado a la tarea de esparcir conocimientos. Han partido de la base de la conciencia, por añadidura, de que la riqueza debía serlo para todas, algo que a menudo se ha materializado en formas de propiedad comunal.

A tono con una idea que he manejado varias veces en estas páginas, al amparo de las biorregiones se ha subrayado lo importante que es escarbar, para conocer lo que somos, en las formas de organización y en las sabidurías propias de las culturas de nuestros antepasados. Lo importante que es, en otras palabras, reconocer el valor de las hierbas medicinales, identificar los métodos destinados a preservar la cubierta vegetal, sopesar los criterios que deben guiar la construcción de las casas o comprender el papel, fundamental, que desarrollan las mujeres[16]. Ha ganado terreno una conciencia paralela de que muchos de esos conocimientos serán vitales en el escenario del colapso. Las prácticas de las que dan cuenta pueden traducirse en una percepción clara de lo que significan Gobiernos y burocracias que están muy lejos, empresas

---
14. Sale, 1985: 55.
15. Sale, 1985: 62.
16. Sale, 1985: 45.

que dictan obligaciones en el ámbito del consumo e impersonales fuerzas del mercado[17]. La comunidad cercana, por el contrario, debe permitir la recuperación de valores vinculados con la cooperación, la participación y la reciprocidad[18]. En ese orden de cosas, aporta muchas ventajas en el terreno económico, y entre ellas estabilidad, autocontrol e independencia con respecto a los vaivenes de mercados y burbujas, por un lado, y a los intereses de organismos internacionales, Estados y burocracias, por el otro. Asentadas en la cooperación, las comunidades han propiciado el afianzamiento de panoramas genéricamente pacíficos, en los que los conflictos han resultado ser muy limitados.

Las regiones naturales, las biorregiones, se enfrentan inequívocamente a la lógica, llena de elementos artificiales, de los Estados[19] y cuestionan, de manera inevitable, las fronteras de éstos. Aunque sus límites no siempre están claros, dentro de ellas impera la perspectiva de la diversidad y de la descentralización, que conviene asociar con la de la estabilidad[20]. Al amparo de estas instancias, en fin, se revela el vigor de muchas contraposiciones: región frente a Estado, comunidad frente a nación/Mundo, conservación frente a explotación, estabilidad frente a cambio/progreso, autosuficiencia frente a globalización, cooperación frente a competición, descentralización frente a centralización, complementariedad frente a jerarquía, diversidad frente a uniformidad, simbiosis frente a polarización, evolución frente a crecimiento/violencia y, en suma, división frente a *monocultura*[21]. Galicia y el norte de Portugal, o el Alentejo y la Extremadura española, bien pueden ser ejemplos de biorregiones.

---

17. Sale, 1985: 47.
18. Sale, 1985: 47.
19. Sale, 1985: 55.
20. Sale, 1985: 104 y 106.
21. Sale, 1985: 50.

EL PESO DE LO COLECTIVO

Tengo que prestar atención a la dimensión política de la propuesta que defiendo en estas páginas. Esa propuesta parte, con toda evidencia, de un rechazo ontológico del individualismo que se nos impone por doquier. Y reivindica, como alternativa, lo que prefiero llamar *apoyo mutuo*, una conducta en la que se reúnen la necesidad de dar satisfacción a tareas acuciantes y una comprensión sagaz y solidaria de lo que significa lo colectivo. El apoyo mutuo propicia un acceso más fácil a los conocimientos acumulados, permite imaginar iniciativas que hoy se nos antojan impensables, alimenta la recepción solidaria de gentes que llegan de fuera —a menudo descendientes de habitantes del lugar— y, llegado el caso, estimula un sindicalismo de combate necesario para hacer frente a latifundistas, intermediarios y elites políticas, y con ellos a las dos instituciones en las que se sustentan: el Estado y el mercado.

Una de las concreciones posibles de las prácticas de apoyo mutuo la configuran los proyectos de mancomunidad. Joám Evans define ésta como un sistema en red y nudos que permite articular territorialmente un conjunto de asambleas populares soberanas en el marco de una sociedad sin Estado[22]. Ejemplos de mancomunidades serían la *villa* y la *tierra* castellanas, las *comunidats d'aldeyas* aragonesas, las *ermandadeak* vascas, las asociaciones libres vecinales, con bienes en común, gallegas[23] y muchas instancias presentes en el Portugal rural. ¿Cuáles son los rasgos principales de una mancomunidad? Rescatémoslos: la ausencia de los elementos —y entre ellos la disposición de capacidades coercitivas— que comúnmente se vinculan con la estatalidad; el designio de no ejercer de forma

---

22. Evans, 2019: 41.
23. Evans, 2019: 41-42; Rodrigo Mora, 2008; Rodrigo Mora, 2010. En Galicia las comunidades de montes, de uso colectivo y regidas por asambleas comuneras, abarcan nada menos que 700.000 hectáreas; véase Evans, 2019: 16.

delegada un poder externo y la voluntad paralela de no reconocer ninguna autoridad superior, en un escenario, el resultante, de soberanía plena; la independencia en el terreno económico, sin relaciones jerárquicas de dominación y al amparo de la autosuficiencia; la práctica del concejo abierto, en el que participa toda la población, responsable del ejercicio ejecutivo, legislativo y judicial, y de la producción cooperativa, siempre lejos de los políticos profesionales, y, en suma, la inexistencia de instancias de tipo militar[24]. Las mancomunidades suelen vincularse estrechamente con la realidad propia de las parroquias y, en su caso, con la de los barrios de ciudades y pueblos.

En la trastienda bueno será que recuerde que el campesinado ha sido comúnmente hostil a la institución Estado, aun cuando esa hostilidad, que ha asumido con frecuencia la forma de un rechazo pasivo, pocas veces se ha plasmado en movimientos revolucionarios antiestatalistas[25]. En términos históricos, y por otra parte, ya sabemos que mancomunidades y fenómenos afines se han visto propiciados por la inaccesibilidad y el aislamiento característicos de las áreas montañosas[26]. Las llanuras, en cambio, se han prestado más a la acción de los Estados, vitales en el desarrollo de obras de drenaje y canalización de aguas. Si esa acción incorpora, o puede incorporar, dimensiones razonables, lo común es que se vea acompañada por la aparición de burocracias y flujos autoritarios, con la consiguiente jerarquización y con las esperables relaciones de servidumbre. En las montañas suele hacerse valer, en cambio, y al calor de la disposición de agua y de ciertos recursos básicos, una mayor autonomía y una menor jerarquización, que ocasionan las más de las veces una relación tensa con el poder del Estado. Es en las montañas

---

24. Evans, 2019: 42, 44, 45 y 54.
25. Badal, 2017: 189.
26. Roa Llamazares, 2016: 13 y ss.

en donde se han asentado con mayor frecuencia e intensidad los espacios comunales,

aquellos que no pueden ser atribuidos fácilmente a un poseedor individual, sea porque si se trocean entre propietarios el bien en cuestión se torna inservible, sea porque su atribución a un particular le otorgaría un dominio absoluto sobre las vidas y haciendas de las familias que previamente dependían de los servicios y prestaciones que extraían del bien. Un bosque, unos montes o un río son ejemplos clásicos de bienes comunales[27].

PRECAPITALISTAS Y ANTICAPITALISTAS

En los últimos tiempos he prestado mucha atención al juego que ofrecen los adjetivos *precapitalista* y *anticapitalista*. Infelizmente no tengo ahora la posibilidad de bucear en su significado. Lo he hecho con alguna intensidad en el epílogo a una obra, reciente, que ya he mencionado en algún momento en estas páginas. Hablo de la titulada *Historias antieconómicas*. Decía entonces, y repito ahora, que la propuesta precapitalista es espontánea, no ideológica, y se materializa en una suerte de resistencia primaria ante la lógica mercantil hoy imperante. La perspectiva anticapitalista tiene, en cambio, una condición inequívocamente ideológica y procura plantear horizontes alternativos que por definición acarrean, no una simple resistencia ante el capitalismo y sus reglas, sino, antes bien, un designio de acabar con uno y otras en provecho de sociedades muy distintas que las que el capital ha modelado, sociedades en las cuales acaso se hará valer, eso sí, el legado precapitalista.

A menudo he señalado en los últimos tiempos que el hechizo que el mundo libertario español anterior a 1939

---

27. Roa Llamazares, 2016: 15-16.

sigue provocando aún hoy algo le debe a una sagaz, y no premeditada, combinación de lo que significan los dos adjetivos que he mencionado (las circunstancias no son tan claras en relación con Portugal, pese a que en el país no puede rebajarse el peso, hasta la década de 1920, de las organizaciones anarquistas y anarcosindicalistas). En el mundo libertario español se dieron cita una pulsión precapitalista y otra anticapitalista. La primera remitía ante todo al origen campesino de buena parte de la militancia o, en su caso, al hecho de que quienes se adhirieron a ese mundo eran hijos o nietos de campesinos, de tal suerte que en su conducta era fácil apreciar el ascendiente de formas de trabajo colectivo y de patrones de apoyo mutuo solidario. A esa pulsión se sumó otra, la anticapitalista, que se vinculaba con el influjo de una doctrina, el anarquismo, que había visto la luz en la Europa del siglo XIX. La pulsión anticapitalista vino a darle alas, y a otorgar un relieve diferente, a lo que reclamaba, las más de las veces por la vía de los hechos, la precapitalista.

Me temo, sin embargo, que la huella, hoy, de combinaciones tan sagaces como esa que he intentado mal describir es muy liviana. En el mejor de los casos queda, no en la realidad de las relaciones económicas y sociales, sino en una memoria a menudo frágil. Esa memoria tiene un eco mayor, en el mundo libertario, de la mano de la evocación de lo que significaron las colectivizaciones desarrolladas en 1936-1937, con presencia cierta de muchos militantes de la UGT socialista. Se revela también al amparo de muchos de los horizontes que abraza en estas horas el Sindicato Andaluz de Trabajadores, herencia acaso, en alguna de sus dimensiones, del anarquismo campesino del siglo XIX. Tiene algún peso en el Alentejo contemporáneo, al calor del recuerdo de lo que sucedió en los años inmediatamente posteriores a la revolución de abril de 1974. Pero para poco más da. La apuesta del grueso de la izquierda de orientación marxiana y, a veces entremezclada con la anterior, de la que vive en las instituciones poco, más bien nada, tiene que ver con el horizonte de la identificación del campesinado como clase contestataria y, en su caso, revolucionaria. Interesan más, mucho más, las ciudades, las fábricas, las chimeneas y lo que resta, moribundo, del proletariado urbano. A duras penas sorprenderá que, con semejante panorama, y con las consabidas excepciones del mundo libertario y de determinadas organizaciones que han operado ante todo en el sur de la península, el sindicalismo agrario haya tenido casi siempre un carácter poco estimulante. Llamativo resulta, en fin, que cuando los hechos han discurrido por otro camino, su memoria, de nuevo, haya quedado arrinconada. Pienso al respecto en lo ocurrido con el movimiento agrarista gallego del primer cuarto del siglo XX. Ese movimiento, muy nutrido, muy contestatario y, a menudo, muy radical en demandas y formas de expresión, apenas encuentra hoy eco en la memoria de la izquierda, y en la del propio nacionalismo, en Galicia.

Creo yo que uno de los problemas mayores que tenemos que encarar hoy en día es el de la dificultad, extrema, de recuperar en su integridad el peso de esas dos pulsiones y, más aún, de aunarlas. Y entiendo que el obstáculo principal al respecto es la manifiesta debilidad de la primera, de la precapitalista, progresiva y eficientemente arrinconada en virtud de modernizaciones, industrializaciones, urbanizaciones y progresos. Aunque sea legítimo afirmar que, no sin alguna paradoja, y por razones que estimo obvias, si los códigos precapitalistas han pervivido en algún lugar entre nosotras ese lugar lo aporta la Iberia vaciada, no es sencillo, sin embargo, reactivarlos. Y, más aún, no está claro quién podría hacerlo. Cierto es que el horizonte del colapso puede provocar una rápida revitalización de realidades que tal vez no estaban muertas, sino simplemente adormecidas. Bien puede suceder que en esa tarea nos ayuden movimientos que, como los radicados en

Chiapas o en Rojava, en los países del Sur, conservan razonablemente incólume el designio de fundir las dos pulsiones que me han interesado en estas líneas.

EL CORONAVIRUS

No es sencillo, y acaso no es prudente, extraer conclusiones firmes en lo que hace al perfil de la crisis del coronavirus en su relación con la Iberia vaciada. Empezaré señalando que, en principio, y en una lectura legítima, en la península ibérica la pandemia ha sido un fenómeno mayormente urbano. No hay motivo mayor para negar lo anterior, en el buen entendido, claro, de que al respecto son decisivas las cifras de contagios y de muertes que arrastran Madrid y Barcelona, y las que se revelan, bien que con magnitudes menores, en la costa portuguesa, desde Lisboa hasta Galicia, con franca preeminencia inicial, en términos de castigo por la pandemia, de la región Norte y posterior despliegue en el área lisboeta.

Pero, si prescindimos de este hecho fundamental, es difícil ordenar los datos a efectos de determinar lo ocurrido, durante la primera ola del coronavirus, en la Iberia vaciada. Parece que, en lo que al caso portugués respecta, puede afirmarse que las regiones del interior registraron una presencia sensiblemente menor de la pandemia, con un dato tan espectacular como es el que aportaba la existencia, a principios de mayo de 2020, de un único fallecido en el Alentejo. En lo que a España se refiere, la información era menos rotunda. Diré, por lo pronto, que el mapa que, a mediados del mismo mes de mayo, se difundió en lo relativo a la presencia de anticuerpos frente al coronavirus —a la presencia, en otras palabras, de este último— medio se solapaba con uno de los mapas imaginables de la España vaciada. Es verdad que el argumento merecía matizaciones múltiples. Señalaré, por ejemplo, que, a tono con lo que he afirmado varias veces en esta obra, el empleo de la provincia como criterio clasificatorio oculta previsiblemente situaciones muy dispares. Recordaré, por otra parte, que aunque es evidente que la pandemia se cebó con provincias claramente insertas en la España vaciada —es el caso de Soria—, no parece que lo hiciese, en cambio, en la misma medida, con otras insertas en la misma categoría —así, Teruel—. Me permitiré subrayar, en un tercer escalón, que la proximidad, o la lejanía, con respecto a Madrid bien puede distorsionar los datos. No sin agregar, en fin, que en la España vaciada, y en lo que atañe a la expansión del coronavirus, se han hecho valer con certeza circunstancias de corte muy dispar: mientras la baja densidad de población y la dispersión de ésta parecían obstáculos para la expansión en cuestión, el envejecimiento de los habitantes y la debilidad de muchas infraestructuras sanitarias operaban en sentido contrario.

Otra dimensión de la discusión se refiere al papel económico desempeñado, o por desempeñar, por la Iberia vaciada en el marco general de la crisis. Hay pocas dudas de que aquélla ha resultado ser vital para la producción y la distribución de alimentos, circunstancia que, incluso en los medios de comunicación del sistema, ha sido subrayada y que bien puede traducirse en una revalorización de funciones que hasta hace poco, o bien no eran apreciadas, o bien eran literalmente despreciadas. Y eso que de por medio se han hecho valer situaciones estrambóticas, como la prohibición, que entiendo luego fue levantada, de desarrollar en España trabajos agropecuarios que no estuviesen vinculados de forma directa con la comercialización de los productos correspondientes[28]. Es verdad, en paralelo, que algunas señales anuncian el inicio de operaciones de eventual *invasión* de la Iberia vaciada desde el espacio urbano, una invasión que a duras penas se ajusta, claro, a

---

28. Campo Vidal, 2020: 119.

los criterios que defiendo en esta obra. Estoy pensando, y ésta es la versión más liviana del fenómeno, en los efectos que la expansión del teletrabajo podría tener en materia de traslado a zonas rurales de habitantes que hoy lo son de las ciudades. Pero estoy pensando también en el negocio inmobiliario que algunas fuentes auguran al amparo de un posible abandono de las costas como recinto de construcción, adquisición y alquiler de segundas residencias en provecho, naturalmente, de espacios del interior. O en los efectos de la decisión, que al parecer se halla en proceso de estudio en España, de trasladar unidades militares a las regiones despobladas[29].

Quiero formular una última observación que remite a un debate a mi entender muy sugerente: el que se interesa por la posibilidad de que las reglas propias de sociedades comunitario-tradicionales hayan servido de obstáculo eficiente ante la expansión del coronavirus. Recordaré al respecto que un artículo publicado a principios de mayo de 2020 en el diario barcelonés *La Vanguardia*, y firmado por Joaquín Luna, procuraba explicar por qué Portugal y Grecia mostraban niveles de incidencia del coronavirus sensiblemente menores que los registrados en otros escenarios[30]. Al efecto se citaba un dato revelador: mientras en aquel momento en la Extremadura española, con 1.060.000 habitantes, habían muerto casi quinientas personas como consecuencia de la pandemia, en el vecino Alentejo, en Portugal, con 760.000 pobladores, se había computado —lo he señalado unas líneas más arriba— un único fallecimiento. El hecho daba que pensar, tanto más cuanto que hablamos de dos espacios geográficos limítrofes y, por muchos conceptos, similares.

Confesaré que a la hora de encarar la discusión correspondiente no me interesan mayormente la habilidad y la

---

29. *El País*, 17 de octubre de 2020.
30. https://www.lavanguardia.com/internacional/20200503/48924267392/los-aciertos-de-grecia-y-portugal.html

sabiduría, presuntas o reales, de los gobernantes. Mi propósito es prestar atención, antes bien, a dos hechos —intuyo que relacionados entre sí— que aparecen mencionados en el artículo que gloso y que a buen seguro merecen una reflexión más sesuda que la que acometo en estas líneas. Entiendo que el primero de esos hechos se manifiesta por igual en Portugal y en Grecia, o al menos en buena parte de los territorios respectivos. Me refiero a la presencia, muy liviana, de un fenómeno, las residencias de la tercera edad, más bien desconocido, y en cualquier caso preterido, en las sociedades marcadas por códigos comunitario-tradicionales. En esas sociedades lo habitual es que ancianos y ancianas vivan y mueran en casa, junto a sus familiares, a menudo con una ingente sobrecarga de tareas a hombros de las mujeres, de tal suerte que el escenario —no creo que tenga que aportar más explicaciones— resulta mucho menos permeable a la catástrofe que se abrió camino en España, en Italia, en Francia o en el Reino Unido. Hace unas semanas un colega me contó que, según un estudio realizado en las residencias de la tercera edad de una zona de la Comunidad de Madrid, en las Navidades anteriores a la pandemia sólo un 17 por ciento de los viejitos y viejitas las habían abandonado para pasar las fiestas con sus familiares. El dato —me parece— es escalofriante. Y ojo que no quiero ignorar en modo alguno que las residencias que me ocupan desempeñan con frecuencia tareas muy honrosas, y que las personas que trabajan en ellas merecen todos los respetos. Por los efectos, dramáticos, de la privatización de esas instancias habrán de interesarse otras personas.

El segundo de los hechos que anticipaba, muy llamativo, es el recelo que los hospitales suelen provocar en muchas de las personas que habitan, y singularmente entre la gente de edad, en esas sociedades comunitario-tradicionales que acabo de mencionar. Parece que, en virtud de una excelsa paradoja, cuanto más débil es un sistema sanitario —y el portugués y el griego lo son, al menos en términos comparativos—, mayor es la posibilidad de que la gente, espontáneamente, se autoconfine y reduzca, eficientemente, los riesgos. Entre tanto, y en paralelo, mayor se antoja la probabilidad de que los países que disponen de sistemas sanitarios más desarrollados presuman, con mal criterio, de sus ingentes capacidades para encarar sin mayores contratiempos problemas que, al cabo, y sin embargo, se desbordan.

En lo que hace a una discusión como la anterior ni puedo ni quiero llegar a ninguna conclusión definitiva. Mi intuición, aun así, es que los resultados, moderadamente halagüeños, que se han registrado en Portugal y en Grecia en relación con la pandemia tienen más que ver con el ascendiente de determinados elementos propios de las sociedades tradicionales que con la gestión de los gobernantes. Enuncio esa tesis, claro, con todas las cautelas. No sabemos, ciertamente, cómo terminará lo de Portugal y lo de Grecia. Tampoco me resulta evidente, por otra parte, que el escenario extremeño sea, en lo que hace a claves como las que aquí he manejado, manifiestamente diferente del alentejano. El único dato estadístico del que dispongo, en fin, en lo que hace a las residencias de la tercera edad en Portugal en su relación con el coronavirus señala que si la media planetaria de fallecimientos en esos recintos es de un 50 por ciento del total —seguro que la española es más alta—, en Portugal se revela un guarismo algo más bajo, de un 40,9 por ciento[31]. En el buen entendido de que falta un desglose geográfico de este último dato, un desglose que probablemente arrojaría luz, en el sentido que fuere, sobre la tesis que estoy defendiendo.

---

31. Grazia Tanta, 2020.

EL COLAPSO IBÉRICO

Procuro rescatar aquí algunas apreciaciones que en la mayoría de los casos proceden de argumentos vertidos en un libro, *Colapso*, que ya he mencionado. Se refieren a los efectos que ese fenómeno, el del colapso, está llamado a tener en el escenario que nos es más próximo: el de la península ibérica. Lo primero que hay que señalar al respecto es que en ese espacio geográfico los antecedentes son malos, como lo testimonian el abandono de las energías renovables, la lamentable apuesta por la alta velocidad ferroviaria —en el caso español— y por autopistas y autovías, la baja producción de materias primas energéticas, el alto consumo de petróleo y, en fin, en la trastienda, la deuda.

Lo suyo es que el cambio climático haga valer sus consecuencias, a menudo dramáticas. La principal será una notable subida de las temperaturas en la mitad meridional de la península. Según una versión de los hechos, la subida en cuestión será más perceptible durante las noches que durante el día, mayor en verano que en invierno, y más fuerte en el interior que en el litoral[32]. Si en muchos lugares los veranos serán duros, los inviernos resultarán, en cambio, razonablemente llevaderos. Por lo que se refiere a los primeros, cabe destacar el antecedente de los muy calurosos registrados en 2005 y 2015, saldados con un incremento importante de la mortalidad, ante todo entre la población anciana. El aire acondicionado estará al alcance, por añadidura, de una minoría de la población en un escenario de apagones y de carestía de la electricidad[33]. Los cortes afectarán también al suministro de agua. A la postre las temperaturas en el sur de la península serán similares a las ya conocidas en el norte de África, con

---
32. Acot, 2004: 261.
33. Lynas, 2007: 75.

desecamiento de ríos y lagos, plantaciones agrícolas destrozadas por el calor, incendios forestales muy comunes y cambios en lo que se refiere a los patrones de crecimiento de las plantas[34]. Cierto es que las sequías a menudo se verán acompañadas de lluvias torrenciales e inundaciones, igualmente nocivas, sin descartar la presencia ocasional de tormentas tropicales, manifiestas por primera vez en 2005 en las costas del sur de Portugal y de Huelva.

No faltarán tampoco los problemas en las zonas montañosas cercanas a las grandes ciudades —Guadarrama en Madrid, Pirineo en Barcelona y Zaragoza, la sierra da Estrela en Lisboa y Oporto, pero también en áreas próximas a localidades como Sevilla y Valencia—, donde la progresiva desaparición de los bosques dificultará la retención de los recursos hídricos en un escenario en el que el volumen de agua que es de prever llegue a las ciudades será menor, en particular en el verano[35]. Algunos expertos consideran, con todo, y al amparo de un argumento controvertido, que es probable una reducción de la temperatura en el litoral portugués, en Galicia y en la costa Cantábrica, de resultas del debilitamiento progresivo de la corriente del Golfo, presunto efecto del deshielo del Ártico.

Es fácil intuir, en cualquier caso, la quiebra de muchos destinos turísticos en las costas del Mediterráneo, en el Algarve y en los archipiélagos españoles y portugueses, con la excepción, acaso, de Azores. Los desplazamientos mayores de población lo serán hacia el norte, y ello tanto dentro de la península como fuera de ella. Si el medio rural, en general, acogerá a personas que huirán de las ciudades —ya me he referido al relieve de esta circunstancia—, el fenómeno alcanzará cotas mayores en la parte septentrional de la península, que será la receptora de muchos de esos desplazados. A lo anterior se agregarán los

---

34. Lynas, 2007: 72.
35. Flannery, 2006: 132-133.

efectos de la llegada de gentes procedentes del norte de África. Con el *orden público* en peligro, las autoridades —o lo que quede de ellas— tendrán problemas para frenar la arribada masiva de inmigrantes procedentes del sur, y para encauzar, al tiempo, las migraciones internas. Bien está que subraye que, aunque en una primera lectura el escenario ibérico no será tan tétrico como el de muchos países pobres, las dependencias energéticas y tecnológicas propias de lo que al cabo son dos Estados del Norte opulento —España y Portugal—, o de lo que quedará, de nuevo, de ellos, multiplicarán los problemas. De resultas, la península no quedará en modo alguno al margen de esa vorágine de quiebra de empresas, explotación laboral, empobrecimiento, crisis financiera, desnutrición, deterioro de la sanidad y descrédito de las instituciones que se abrirá camino en el resto del planeta.

COLAPSE AHORA Y EVITE AGLOMERACIONES

Es lógico que se perciba en el colapso una fuente ingente de problemas y desafueros. Pero, si por un lado no todas sus consecuencias están llamadas a ser negativas, por el otro sus efectos serán, con certeza, distintos en unas u otras áreas geográficas. Dados estos antecedentes, a duras penas sorprenderá el argumento, cargado de ironía, vertido por John Michael Greer en el título de una de sus obras, que podríamos traducir al castellano de la mano del lema que reza *colapse ahora y evite aglomeraciones*[36]. La tesis de Greer viene a decirnos que, si el colapso es inevitable, mejor empezar a trabajar ya en la construcción de una sociedad alternativa ahora que el cambio climático no ha hecho valer sus secuelas más negativas y ahora que las materias primas energéticas no se han agotado por

---

36. Greer, 2015.

completo. Más allá de lo anterior, me veo en la obligación de recordar —ya lo he hecho en el capítulo segundo— que quienes han trabajado sobre colapsos registrados en el pasado gustan de afirmar que se han visto seguidos, las más de las veces, de tres fenómenos que son, a mi entender, manifiestamente halagüeños: la rerruralización, las ganancias en materia de autonomía local y, en fin, la desjerarquización. No todas las consecuencias del colapso están llamadas a ser, pues, negativas.

Permítaseme, aun así, que acumule algunos argumentos más en provecho de la idea de que el escenario que espera a los habitantes de la Iberia vaciada no es tan tétrico como una primera, y legítima, lectura invitaría a concluir. Cabe esperar, por lo pronto, que la conciencia de la proximidad de la catástrofe provoque cambios interesantes en la cabeza de muchas personas que decidan buscar, entonces, respuestas colectivas asentadas en el apoyo mutuo. Por otra parte, esas respuestas acaso no reclaman la movilización de grandes recursos: exigen, antes bien, echar mano de energías que están, cerca, a nuestra disposición. Aunque, desde mi punto de vista, sería un craso error colocar el futuro en manos de Gobiernos y burocracias, no por ello hay que renunciar al pago de la deuda histórica contraída por el medio urbano con el rural. Frente al discurso tantas veces repetido, el campo ha proporcionado a las ciudades la mano de obra que precisaban, una mano de obra joven que a menudo ha sido educada en familias y escuelas radicadas en el medio rural. Lo anterior al margen, este último ha dispensado alimentos, materias primas y energías necesarias para el desarrollo de las ciudades[37]. En semejantes condiciones, ¿está de más demandar un esfuerzo de redistribución de recursos en provecho del campo?

Más allá de lo apuntado, y en fin, si se trata de volcar la argumentación sobre la vida cotidiana, señalaré que

---

37. Romero Renau, 2018: 236-237.

aunque lo previsible, por muchos conceptos, es que el trabajo sea más duro, el entorno que lo rodeará será más llevadero. No habrá que asumir largos desplazamientos, el ritmo será más pausado y no faltará el ejercicio físico, primará el deseo de garantizar ante todo la autosuficiencia y habrán desaparecido los empresarios y la explotación. Lo suyo es, por añadidura, que se apueste por un reparto equitativo del trabajo, incluido, también, por cierto, el de cuidados, en el marco de una economía cooperativa y no lucrativa. En cualquier caso, la era del poscolapso obligará a recuperar la imagen del trabajo humano como fuente principal de energía, que es al fin y al cabo lo que ocurre —no lo olvidemos— en muchos países del Sur.

En *Colapso*, el libro que mencioné unas páginas atrás, me hice eco de algo que tuvo a bien recordar en su momento Ugo Mattei. Habla Mattei de lo que ocurrió en Nueva York cuando, de resultas de un apagón, la ciudad se vio privada de electricidad durante varios días. Hubo quien murió de hambre, los cajeros automáticos y las tarjetas de crédito dejaron de funcionar, la falta de confianza entre los vecinos redujo las posibilidades en materia de apoyo mutuo y moverse a distancias respetables se hizo imposible. Por primera vez muchos neoyorquinos se percataron de lo importante que es la cooperación y de lo delicadas que son muchas de las dependencias que se tejen en las sociedades complejas[38]. Si el deterioro de las relaciones humanas es un dato fácilmente palpable en la vida de las ciudades, tanto de las que anteceden al colapso como de las que seguirán a éste, otros rasgos relevantes de esa vida serán la quiebra del grueso de las relaciones económicas, la extensión de los problemas sociales y el general retroceso de lo público. Parece que, por razones obvias, un apagón prolongado, material y simbólico, tendrá consecuencias mucho menos graves en la Iberia vaciada. Paradojas de la vida.

---

38. Mattei, 2012: 66.

EPÍLOGO

Recojo en este epílogo, a vuela pluma, un puñado de observaciones que tienen su origen en los actos de presentación de *Iberia vaciada* que se han desarrollado desde junio de 2021 y en algunas de las lecturas más recientes que sobre esa materia, y sobre otras afines, he acometido en los últimos meses. Quieren ser ilustración de que, pese a todo, la discusión relativa a las cuestiones por las que se ocupa este libro va ganando enteros, y acaso lo hace, en determinados circuitos, de la mano de apreciaciones que rompen con la miseria que acompaña a la mercantilización y a asentados intereses privados.

LAS PRESENTACIONES

La primera edición de este libro vio la luz en enero de 2021. La segunda adquirió carta de naturaleza en junio de ese mismo año. Permitirá el lector que haga algunas observaciones sobre las oportunidades que se me han brindado para presentar esta obra en unos u otros lugares. En el buen entendido, eso sí, de que entre enero y junio del año citado, y en virtud de razones vinculadas con las restricciones derivadas de la pandemia, no hubo presentación alguna. El tiempo discurrido desde entonces hasta el momento en que se escriben estas líneas ha sido, por lo demás, reducido, de tal suerte que no me queda sino admitir que es más que probable que los datos que manejo ahora, en septiembre de 2021, experimenten en los meses venideros cambios de relieve.

Un primer balance me aconseja señalar que un buen número de las presentaciones públicas de *Iberia vaciada* se ha concentrado llamativamente en el espacio que configuran Asturias, León, Zamora y Palencia. No sé si esta circunstancia no guardará alguna relación con el hecho de que los espacios correspondientes algo tienen que ver con la memoria viva, y en su caso con la práctica, de concejos abiertos y bienes comunales. Y en algunos casos, ciertamente, con crisis minero-industriales de singular magnitud. He recibido también alguna invitación, pero con presencia menor, de Aragón, La Rioja, Extremadura y la Galicia occidental. Me parece significativo, con todo, que a día de hoy nadie se haya interesado por este libro —hablo del interés, claro, que conduce a organizar un acto de presentación— en el oriente gallego, La Mancha, el interior de Andalucía y, más allá de la localidad zaragozana de Daroca, la *serranía celtibérica*. Aunque es cierto, en relación con esta última, y tengo que medio corregirme, que no pude atender a una petición formulada en junio desde Teruel, el libro no parece haber encontrado eco ni en Cuenca, ni en Soria, ni en Guadalajara. Tampoco lo ha hallado en Portugal, en donde, bien es verdad, *Iberia vaciada* no ha sido difundida comercialmente y en donde no se aprecia por el momento ningún viso de traducción de la obra al portugués.

El libro ha suscitado, por lo demás, un interés muy limitado en las ciudades grandes. Si bien es cierto que he sido convocado para presentarlo en Alicante, Barcelona, Bilbao, Madrid, Málaga y Valencia, en los casos de esta última ciudad y de Barcelona las presentaciones han sido sugerencias mías formuladas ante gentes que me invitaban a explayarme sobre otras materias. Deduzco que este menguado interés por el libro algo tendrá que ver con una circunstancia precisa: se diga lo que se diga, la Iberia vaciada preocupa poco en la vorágine de los grandes núcleos urbanos. Me sorprende, por lo demás, que en Madrid y en Barcelona se haya desarrollado, o esté pendiente de desarrollarse, una única presentación del libro.

Cuando la obra se reeditó en junio de 2021 asumí un ejercicio encaminado a determinar cuál era su presencia en las librerías. Aunque cito de memoria, no creo errar en lo que hace a los datos fundamentales. La presencia de este trabajo en las librerías de la España vaciada se solapaba con el porcentaje de habitantes que esta acoge. Claro es que esa presencia se hacía valer ante todo en librerías de las capitales de provincia correspondientes, y en su caso en algunas otras localidades importantes, y no en la España vaciada entendida en sentido estricto. Tampoco era lo anterior particularmente sorprendente: en esa España no sobran las librerías, y menos menudean las que trabajan con editoriales modestas de ocasional vocación alternativa.

LOS MEDIOS DE INCOMUNICACIÓN

Como cabía esperar, *Iberia vaciada* no ha encontrado ningún eco en los medios de incomunicación del sistema. O al menos no lo ha encontrado en los diarios, las emisoras de radio y los canales de televisión de difusión estatal. No hay en ello ninguna sorpresa. Lo ocurrido se inserta a la perfección, antes bien, en la línea de lo sucedido en el pasado con los trabajos sobre decrecimiento y colapso que he ido entregando a la imprenta.

Al libro sólo le han prestado atención, claro que comúnmente somera y más bien burocrática, algunas emisoras locales de radio y algunos periódicos, de nuevo, locales. Supongo que al respecto pueden invocarse la ausencia de noticias, la preocupación honesta por la situación de comarcas y pueblos, y la capacidad de presión de algunos movimientos sociales. Como suele suceder en este terreno, el balance general invita a concluir que los medios del sistema, antes que censurar opiniones que no les gustan, se entregan sin más a la tarea de ignorarlas.

DAROCA Y LORCA

En las presentaciones de *Iberia vaciada* he escuchado varios relatos que se refieren a las carreteras, a sus entresijos y a sus efectos sobre las comarcas deprimidas. Permítanme que rescate dos de ellos.

Con el primero tomé contacto en Daroca, una localidad de la provincia de Zaragoza que, con dos mil habitantes escasos, se halla a poco menos de un centenar de kilómetros de la capital aragonesa. Hasta hace unos años el viaje en automóvil entre Daroca y Zaragoza reclamaba casi un par de horas, de la mano de una pésima carretera. Hace no mucho se inauguró, sin embargo, una autovía que comunica la propia Zaragoza con Teruel. Comoquiera que esa autovía pasa cerca de Daroca, el desplazamiento entre esta última y la capital pasó a exigir la mitad del tiempo que demandaba antes. La consecuencia mayor es que muchos darocenses trabajan ahora en Zaragoza, ciudad a la que acuden y de la que vuelven en el día. No parece, de resultas, que la mejora de las carreteras haya contribuido a fortalecer la vida propia de Daroca. Antes bien ha facilitado una huida más de sus habitantes en provecho de una ciudad cada vez más mastodóntica. "Desde que construyeron la carretera a la gente le entró la enfermedad de marchar", aseveró a una periodista un morador de la Cabrera berciana.

El segundo relato lo escuché en Murcia en labios de un paisano. Residía en un pequeño pueblo que, perteneciente al municipio de Lorca, distaba de esta, sin embargo, nada menos que 40 kilómetros. Grande es ese municipio. Explicó que durante muchos años habían peleado, sin éxito, para que se adecentase la carretera que comunicaba la localidad con Lorca. Cuando las demandas de mejora de la carretera habían amainado, un buen día, y no hace mucho, observaron atónitos que las máquinas empezaban a trabajar para aprestar una pista más rápida y sólida. Aunque no recuerdo cuál era la explicación que adujo al respecto el paisano que me ocupa, las opciones eran pocas. O había de por medio una explotación minera, o se hallaba una macrogranja, o alguna gran empresa se disponía a instalarse en el pueblo. La conclusión parece, claro, sencilla: los poderes públicos sólo reaccionan con energía cuando atienden presurosos las demandas de influyentes intereses privados.

TRASLADAR EMPRESAS

Una demanda que se escucha en muchos lugares de la Iberia vaciada, una demanda casi universal, es la que reclama la llegada a aquellos de empresas que permitan reavivar la economía y generen, claro, puestos de trabajo. Aunque excepciones al respecto a buen seguro que las hay, creo que lo común es que esas empresas prometan crear un sinfín de empleos que luego no adquieren carta de naturaleza y que las más de las veces van a parar a manos de gentes de fuera que disfrutan de una formación especializada. Y ello por no hablar de las agresiones medioambientales que, pese a la retórica al uso, suelen acarrear esos negocios.

Si lo anterior, por sí solo, invita al recelo, en la trastienda hay un problema más. Según un cálculo somero, en el conjunto de España y Portugal hay unos cinco mil municipios que pierden población. Resulta evidente que no hay empresas que permitan satisfacer la demanda que ahora me ocupa. Pareciera como si quienes se acogen al patrón correspondiente pidiesen a gritos que gane terreno un prosaico *sálvese quien pueda* que invite a medio liberar a unos a costa de condenar a otros. Aunque sería excesiva la sugerencia de que semejante opción huele a ecofascismo, no parece de más concluir que allana incipientemente el camino de este último.

LECHE DE CABRA, MUJERES LATINOAMERICANAS

En la presentación madrileña del libro, desarrollada en el local de la Fundación Anselmo Lorenzo, tomó la palabra una mujer muy anciana. Explicó que residía en un pequeño pueblo en las estribaciones de la sierra de Gredos. No sé si en la provincia de Toledo o en la de Ávila. Recuerdo que en su intervención, muy breve y expresada en un hermoso castellano, se refirió a dos materias.

La primera aporta un ejemplo glorioso de lo que pueden significar, en situaciones difíciles, el apoyo mutuo y la búsqueda de autosuficiencia. Por lo que parece, la economía del pueblo en cuestión dependía estrechamente de la producción de leche de cabra. En el inicio de los confinamientos de marzo de 2020 la empresa que adquiría, y que se llevaba, esa leche anunció súbitamente que dejaría de comprarla. Según el relato de esta buena señora, el vecindario decidió comprar colectivamente la leche y permitió que el principal sustento de la localidad, claro que con los problemas esperables, siguiese mal que bien en pie.

La segunda historia que contó esta amiga señala que en el lugar en el que residía lo hacían también unas cuantas mujeres latinoamericanas que, como cabe esperar, cuidaban de ancianos y de personas impedidas. Cuando terminaban su —supongo— extenuante jornada laboral, acudían a trabajar en el campo y se ocupaban de pequeñas plantaciones. Aunque hay quien, legítimamente, piensa que lo hacían para atender a su sustento alimentario, intuyo que la explicación fundamental era otra y remitía a un sugerente código antropológico: su manera de restaurar el vínculo con sus lugares de origen en América era seguir trabajando la tierra. Qué saludable sería si todos, en nuestros ámbitos, hiciésemos otro tanto.

LA MINERÍA

Lo común es que cuando se habla de despoblación se piense en un proceso de largo aliento que responde a pautas más o menos uniformes en espacios geográficos grandes. Si nada hay que oponer a semejante forma de ver las cosas, conviene recordar que en determinados escenarios la despoblación es el producto de circunstancias singulares y relativamente recientes.

Cuando redacto estas líneas estoy pensando en la naturaleza de los debates que siguieron a las presentaciones de *Iberia vaciada* en la localidad berciana de Fabero y en Gijón. En el primer caso se me hizo al poco evidente que el fenómeno de la despoblación, brutal, se vinculaba estrechamente con la crisis de la minería. La alcaldesa local entendía, con criterio irrefutable, que en realidad en el área de Fabero el colapso había llegado ya, en las últimas décadas, en la forma de una crisis sin fondo y, si no lo remediamos, también sin solución. Algo parecido sentí en Asturias, de la mano, de nuevo, de las secuelas del hundimiento de la minería y del de las numerosas actividades industriales acompañantes.

En lo que respecta a los dos escenarios que acabo de mencionar parece obligado llegar a un par de conclusiones. La primera subraya que estos espacios geográficos a duras penas se van a beneficiar de esa paradoja que he enunciado en las páginas de esta obra y que señala que las comarcas que solemos describir como deprimidas serán las que mejor lo lleven en el escenario del colapso. La reconversión, ineludible, de economías otrora asentadas en la minería y en diferentes actividades industriales seguirá pesando como una losa. La segunda de las conclusiones que adelantaba invita a identificar una dimensión que afecta a la psicología colectiva de las gentes que habitan esos lugares. Lo que al respecto me viene a la cabeza es una sucinta comparación entre lo ocurrido en los últimos sesenta años en Asturias y en Galicia. Mientras en la primera se hizo valer tiempo atrás una etapa de aparente, y equívoca, prosperidad vinculada con la minería y con la industria, en la segunda no cobró cuerpo ningún fenómeno similar. El hundimiento de la economía minero-industrial asturiana ha generado, sin embargo, una crisis agudísima que dibuja una sociedad por muchos conceptos enferma. Nada semejante se ha abierto camino, en cambio, en Galicia, en donde, ciertamente, y claro, no faltan en modo alguno los problemas.

No está de más que agregue aquí una observación que en este caso mira hacia el futuro. Bueno sería que en cada lugar se estudiase en qué medida la realidad presente está llamada a determinar poderosa y negativamente el futuro. Cuando me refiero a ejemplos de ciudades que han experimentado ya su propio colapso, suelo invocar el caso, bien conocido, de Detroit, en su momento la meca de la industria automovilística norteamericana. Pues bien: con ocasión de la presentación de *Iberia vaciada* en Palencia uno de los asistentes explicó que esta ciudad castellana era, de todas las capitales de provincia españolas, la que, en el terreno económico y laboral, mostraba una mayor dependencia con respecto a la industria del automóvil. Mejor prevenir que curar.

UN EFECTO SALUDABLE DE LA PANDEMIA

En los últimos meses, y en los actos públicos, he creído percibir una consecuencia acaso inesperada de la pandemia y de sus acompañamientos represivos. Me refiero al hecho de que hoy me parece más sencillo hablar de decrecimiento y de colapso que lo que lo era un par de años atrás. Lo sucedido al calor de la pandemia habría ido modelando poco a poco las mentes de tal suerte que, aunque nuestros gobernantes siguen, erre que erre, con su guion de siempre, las gentes de a pie le habrían visto acaso las orejas al lobo. Y no estoy pensando ahora en que hayan accedido a ninguna comprensión cabal de lo que significa un ecofascismo que va cobrando forma por momentos: lo que tengo en mente es, sin más, que han pasado a comprender que el escenario que va cobrando cuerpo es cualquier cosa menos halagüeño. No me atreveré a añadir, eso sí, que de lo anterior se deriva la convicción de que hay que actuar, y hacerlo colectivamente, en la línea del apoyo mutuo.

Aunque no es esta la visión dominante en el mundo de los movimientos sociales alternativos, que parecen percibir en su seno una crisis muy honda que afecta a sus componentes y conductas, hay quien estima que la pandemia bien ha podido propiciar una actitud más serena y reflexiva, y más tolerante, que ha colocado a muchos activistas lejos del sectarismo que eventualmente caracterizó sus posiciones anteriores. Quede recogida esa percepción.

DOS MOTIVOS DE ESPERANZA

Confesaré que me produce perplejidad comprobar cómo, cuando hablo de la Iberia vaciada por ahí adelante, como cuando lo he hecho en numerosas ocasiones en el pasado sobre decrecimiento y colapso, pareciera como si la mitad de los asistentes pensasen que soy un optimista patológico en tanto la otra mitad concluyesen que están ante una persona que hace gala de un pesimismo congénito. Sospecho que para explicar esto tiene más relieve lo que cada cual lleva dentro de la cabeza que lo que yo haya podido decir.

Me acojo ahora cautelosamente al primero de los horizontes, al del optimismo, para anotar dos razones que vendrían a justificarlo. Si la primera se vincula con lo que ocurre en el Norte rico del planeta, la segunda hace lo propio con el Sur empobrecido. Apunta la primera —ya la he reflejado en las páginas de este libro— que es lícito suponer que la conciencia de la proximidad del colapso, que irá a más, bien puede traducirse en cambios en nuestra conducta que se desplieguen, ahora sí, por el camino del apoyo mutuo y de la búsqueda de respuestas colectivas. Se me ocurre al respecto, por rescatar un hecho que se mueve por ese camino, que deberíamos haber prestado más atención a esos grupos de apoyo mutuo que germinaron por todas partes en el inicio de los confinamientos en la primavera de 2020. Esos grupos me interesan por tres sucintas razones. Mientras la primera subraya la opción de muchos de ellos en provecho del término que da título a un maravilloso libro de Kropotkin, la segunda recuerda que las más de las veces esas instancias fueron perfiladas por gentes de a pie, y no por activistas hiperconscientes de movimientos sociales críticos, y la tercera certifica que en su trabajo cotidiano desempeñaron un papel central —no podía ser de otro modo— las mujeres, siempre cerca del mantenimiento de la vida. Aunque la espada de Damocles del ecofascismo está, sin duda, ahí, no todo parece perdido.

La segunda razón, la vinculada con los países del Sur, habla de un renacimiento de movimientos en los cuales parece verificarse una síntesis entre valores precapitalistas y propuestas anticapitalistas. Entiendo yo —ya me he referido a ello, también, en las páginas de este libro— que eso es lo que ocurre, y rescato dos ejemplos entre muchos, en Chiapas desde hace un cuarto de siglo y en Rojava en los últimos años. En esos dos escenarios han cobrado cuerpo economías cooperativo-autogestionarias que recelan de la institución Estado y rechazan por igual el capitalismo liberal y el socialismo de cuartel. A su amparo las mujeres han pasado a ocupar un lugar central en la tarea de la emancipación en un escenario en el que se ha buscado con denuedo la preservación de sabidurías ancestrales y el mantenimiento de una relación respetuosa con el medio natural. Esa síntesis entre precapitalismo y anticapitalismo bien puede ser un espejo en el que nos miremos los habitantes de las sociedades del Norte.

PORTUGAL Y LA ALTA VELOCIDAD FERROVIARIA

Más allá del propósito de recordar que las casuísticas española y portuguesa en lo que hace a los territorios vaciados son muy similares, lo cierto es que en este libro no he hecho mayores esfuerzos para ligar la una y la otra. Permítaseme que, a manera de compensación, incluya ahora un comentario que, mal que bien, permite proporcionar un ejemplo de ligazón relativo a alguno de los proyectos que defiende en estas horas el gobierno portugués.

Parece confirmarse que las autoridades portuguesas no tienen mayor interés en perfilar la que sería su parte en el despliegue de un tren de alta velocidad llamado a comunicar las capitales de los dos Estados peninsulares: Lisboa y Madrid. Si lo he entendido bien, su apuesta más granada lo es en provecho de una mejora de las comunicaciones, cabe suponer que fundamentalmente costeras, entre Portugal y Galicia. Si alguien me pregunta qué pienso de ello, responderé que es una opción respetable, tanto más cuanto que rompe visiblemente con viejos atavismos centralizadores en la península Ibérica.

Me veo en la obligación, sin embargo, de subrayar dos circunstancias que invitan a mantener ojo avizor ante los designios de los gobernantes portugueses. En virtud de la primera, lo suyo es torcer el gesto si esa mejora en las comunicaciones lusogalaicas acaba por asentarse en trenes de alta velocidad o en nuevas parafernalias en forma de autovías y autopistas. Ni Portugal ni Galicia necesitan esas infraestructuras en un escenario en el que, con el agotamiento de las materias primas energéticas de por medio, habrá que medir cuidadosamente el número y la condición de los desplazamientos. Pero, aparte lo anterior, hay que preguntarse por los efectos que ejercerá sobre el Portugal vaciado la mejora de las comunicaciones que ahora me interesan. Y al respecto la única conclusión sensata es la que sugiere que no harán sino ratificar la condición de ese Portugal. A tono con lo que señalo en algún momento en las páginas de esta obra, ¿no sería saludable que el gobierno de Lisboa, junto a su respetable designio de mejorar las comunicaciones con Galicia, apostase con rotundidad por un ferrocarril articulador que discurriese de norte a sur por el interior del país y aminorase el vacío que se revela en esas tierras?

EÓLICOS

Si en los últimos meses se ha revelado un debate en manifiesta ebullición, ese debate es el de los parques eólicos, que en muchos casos han suscitado una franca oposición del lado del ecologismo consecuente. Hay quien parece sorprenderse de ello: ¿cómo es posible que quienes de siempre han defendido las energías renovables se opongan ahora a muchas de las manifestaciones de una de las modalidades señeras de aquellas?

La explicación se antoja sencilla: no valen todas las concreciones de las energías renovables, y no valen en singular las que se hallan descaradamente al servicio de los intereses empresariales de siempre. La oposición a muchos de los molinos eólicos se asienta en argumentos sólidos. Subraya las agresiones, casi siempre feroces, que padece el medio natural en muchos lugares en los que este se había preservado razonablemente incólume –¿por qué no colocar esos artefactos en Madrid o en Barcelona?–, obedece con rotundidad a los intereses mencionados sin apenas deparar recursos, del tipo que fueren, para las comunidades humanas afectadas y ratifica el empeño de reproducir un esquema en virtud del cual el mundo rural debe mover el carro energético de la gran industria y de las ciudades. Claro es que, más allá de lo anterior, por detrás de los molinos, o de la mayoría de ellos, se revela una vez más el designio de evitar que nos preguntemos si necesitamos la energía que producen o si, por el contrario, y como sospecho, sería mucho más inteligente y económico reducir el consumo correspondiente desde la certeza de que las renovables no permiten satisfacer la demanda de sociedades asentadas en el derroche y el despilfarro.

LAS DISENSIONES

Cuando en un acto público uno acomete, en lugares de la Iberia vaciada, la tarea de discutir sobre el escenario de la vida de las gentes que lo escuchan, lo suyo es que sienta un temor lógico a meter la pata o, lo que es lo mismo, a decir más de una tontería. Ese horizonte pesa siempre. Debo confesar, con todo, que en los últimos meses, los de las presentaciones del libro, apenas me he topado con un par de disensiones fuertes.

La primera la hizo valer una mujer de cierta edad que me interrumpió varias veces con ocasión del debate que siguió a la presentación de *Iberia vaciada* en un pueblo cuyo nombre prefiero olvidar. Sus intervenciones tuvieron la virtud de retratar una percepción muy común: si hemos llegado hasta aquí, ¿por qué no habríamos de proseguir por la misma senda? ¿Quién tiene derecho a decirme a mí que debo modificar mis hábitos de consumo al amparo de un ejercicio de autocontención? Más allá de lo anterior, esta buena señora se acogió a la tesis de que, si bien era verdad que yo podía estar en lo cierto, de tal manera que el futuro que nos aguarda no es precisamente acogedor, también podría estar equivocado. Lo que me sorprende del argumento no es su textura cartesiana, innegable, sino el hecho de que quien lo enuncia no parece percatarse de que, en el caso de que mis intuiciones se ajusten razonablemente a la realidad, el hecho paralelo de que no nos hayamos tomado la molestia de situarnos en el peor de los escenarios aconseja concluir que este último se nos echará encima de forma dramática. Supongo que no es eso lo que queremos en lo que respecta a nuestra vida cotidiana y a nuestras emociones. ¿Por qué habríamos de actuar de forma diferente en lo que hace al futuro colectivo?

No faltan, en fin, quienes se muestran respetablemente escépticos ante las fechas que se manejan en relación con un posible colapso. O que echan mano del recordatorio de que muchas veces se ha sugerido, sin fundamento mayor, que el capitalismo y su mundo estaban a punto de quebrar. Supongo que esta es la versión ilustrada de la propuesta negacionista en lo que hace al cambio climático y al agotamiento de las materias primas energéticas. Creo que va mucho más allá, sin embargo, del buen sentido que nace de una prosaica y razonable duda con respecto a los pronósticos que pintan un futuro manifiestamente oscuro. Porque el colapso —me temo— ya está aquí.

LAS HURDES Y CABRERA

Las disputas sobre la España vaciada no son de ahora. Leo ese hermoso libro que es *Donde las Hurdes se llaman Cabrera*, de Ramón Carnicer (Ámbito, Valladolid, 1991). Publicado por vez primera en 1964, relata el viaje que el autor realizó dos años antes por la entonces muy alejada, y hoy igualmente marginada, comarca de Cabrera, en la linde del Bierzo.

Dos son los recuerdos que me han quedado de la lectura de esa obra. El primero bucea en algo que no sabía: cuando, en 1922, Alfonso XIII viajó a Las Hurdes se escucharon las voces de muchas comarcas que, en lugares dispares, señalaban que su situación era igual o peor que la hurdetana. Entre ellas despuntó a buen seguro, o quiso despuntar, la voz de Cabrera. Ya entonces, hace cien años, se registraba una aguda conciencia en lo que se refiere a atávicas marginaciones y miserias, una conciencia que se revelaba con singular rotundidad, claro, en los lugares en los que estas últimas se hacían valer. El segundo de los recuerdos que invoco me obliga a subrayar que a Carnicer no se le escapó una realidad cabreirense que mucha relación guarda con las tesis reflejadas en el libro que el lector tiene entre las manos. Me limito en este caso a reproducir sin más sus palabras: "La pobreza de aquellos calamitosos años se compensaba con un notable sentido comunal y solidario, actualmente muy debilitado". Si estaba debilitado en 1962, qué no habrá que decir ahora.

NEORRURALES FRANCESES

Si Francia es la guía de lo que está llamado a ocurrir en los próximos años, parece servida la conclusión de que los neorrurales ganarán en número y en importancia. Eso es, al menos, lo que puede colegirse de la lectura del libro de Gaspard d'Allens y Lucile Leclair titulado *Les néo-paysans* (Seuil, París, 2021).

Según una estimación, en 2020 los neorrurales corrían a cargo de la mitad de las explotaciones agrarias en un país en el que cada semana desaparecían, eso sí, doscientas granjas. Pareciera como si el campesinado tradicional, moribundo, fuese progresivamente sustituido por neorrurales y como si, en paralelo, al amparo de estos recuperasen su peso perdido las redes de colaboración y de solidaridad. Entre los neorrurales tanto pueden encontrarse, ciertamente, gentes que están al día en los últimos *adelantos* técnicos como otras que, en virtud de su marcha al campo, lo que desean es precisamente huir de muchos de los tributos y dependencias que genera la tecnología.

Hay que prestar atención, de cualquier modo, a iniciativas como la que, en la propia Francia, supone Terre des Liens, una organización que adquiere de forma colectiva tierras para instalar a jóvenes agricultores dedicados a la producción biológica. Muchas de esas iniciativas muestran a menudo el designio de no comercializar los productos, sino de consumirlos en el marco de redes que se tejen una y otra vez, que gestionan las rotaciones, que compran las semillas y que desarrollan colectivamente el trabajo. En algunos casos una parte de la cosecha se destina, por añadidura, a abastecer a centros sociales e inmigrantes.

Una razón de peso que viene a explicar, todo sea dicho, por qué el escenario de la vida rural en Francia es más llevadero que el que despunta en la península Ibérica es quizá la proliferación de iniciativas como la que acaba de atraerme.

SORPRESAS: LAS MUJERES DE ASTORGA

En esos periplos de autobús y tren en busca de gentes interesadas en intercambiar opiniones sobre la Iberia vaciada se topa uno a menudo con sorpresas. Una de ellas me asaltó, en septiembre de 2021, en Astorga, en León.

No creo descubrir nada cuando afirmo que lo común en los debates que acompañan a una charla o a la presentación de un libro es que intervengan de manera abrumadoramente mayoritaria varones. En ocasiones, y de hecho, no se escucha la voz de ninguna mujer. Algo dice lo anterior de la condición de un mundo, el nuestro, en el que las mujeres parecen tener miedo a expresarse. Un miedo justificado.

Por mucho que uno tenga derecho a concluir que en todas partes cuecen habas, Astorga arrastra el sambenito de localidad conservadora, indeleblemente marcada por militares y curas. Y, sin embargo, en la discusión, muy viva, que siguió a la presentación de *Iberia vaciada*, y según el cómputo de un colega, se registraron nueve intervenciones. De ellas, siete fueron protagonizadas por mujeres. Igual uno está llamado a empezar a levantar tópicos de largo aliento. O a prestar mayor atención a lo que hay por detrás de la hojarasca.

LA JORNADA ORENSANA, EL INTENTO BERCIANO

Por momentos me da la impresión de que muchas de las iniciativas que se asumen desde la neorruralidad tienen un carácter individual. Entiéndase bien lo que quiero retratar de la mano de este adjetivo: hablo de iniciativas que, aunque puedan estar protagonizadas por varias personas, a duras penas se vinculan entre sí en forma de redes de apoyo, solidaridad y coordinación. Creo que eso es lo que se reveló en junio de 2021 cuando, en un domingo, tuve la fortuna de asistir a una jornada de intercambio de experiencias de gentes que habían pasado a vivir, en tierras de Orense, en el mundo rural. A buen seguro que el propósito mayor de esa jornada era, precisamente, buscar vínculos de relación.

Me parece que esto último es lo que, mal que bien, y con las carencias que se quieran, han conseguido los grupos, integrados mayoritariamente por neorrurales, que me llevaron al Bierzo, en septiembre de 2021, para presentar *Iberia vaciada*. Seguro que al respecto es importante el hecho de que lleven trabajando ya un tiempo. Esas redes de interrelación de las que hablo sospecho que arrastran un activo adicional en la forma de una atracción cierta ejercida sobre gentes que no son neorrurales. Creo que salta a la vista, en cualquier caso, que frente a la férula abrasiva de las grandes empresas hay que proponer respuestas colectivas y bien meditadas, que tanto pueden fortalecer un esquema de pequeñas parcelas –el minifundio tiene sus ventajas frente, y por ejemplo, al monocultivo– como alentar la aparición de alianzas más ambiciosas asentadas en explotaciones más grandes. En este orden de cosas, lo suyo es recordar que no muestran el mismo perfil las asociaciones que pretenden proteger los intereses de sus integrantes que las que se proponen asumir iniciativas de genuina colectivización. Salta a la vista que el grueso de los argumentos vertidos en el capítulo tercero de este libro remite antes a estas últimas o, lo que es casi lo mismo, busca desplegar estrategias de apoyo mutuo.

LA DEUDA SE ACABARÁ CON EL COLAPSO

Aunque con las preceptivas cautelas, creo que no está de más que nos acojamos a la idea de que el colapso bien puede resolver, no sin paradoja y acaso de un plumazo, algunas de las tesituras más delicadas que hoy nos acosan. Entre sus consecuencias saludables no sólo estarán, en otras palabras, la desjerarquización, la rerruralización y las ganancias en materia de autonomía local.

Pongo un ejemplo gráfico de lo que quiero decir: lo más sencillo es que el colapso se lleve por delante la deuda y sus trampas, y ello tanto en lo que se refiere a la que mantienen unos Estados con otros, o con organismos financieros internacionales, como en lo que hace a la que afecta a las gentes de a pie. No estoy en condiciones de calibrar cuántos problemas perentorios pueden encontrar una rápida solución. Tampoco estoy en disposición de evaluar, eso sí, qué ocurrirá con la deuda antes del colapso. Quizá no está de más que agregue, con todo, otra consecuencia de este último que me voy a permitir calificar de sobrevenida: la de poner fin a muchas de las miserias que rodean a la propiedad privada y, también, al dinero como fórmula de intercambio. Habrá que trabajar, claro, sobre materias complejas como estas.

No sé si no incluir en esta rúbrica, que al cabo lo es de acontecimientos inesperados, una circunstancia que por lo que parece se revela incipientemente en lugares marcados por un extremo despoblamiento. Parece que en muchos de ellos, y de la mano de un proceso que alguna relación guarda con lo ocurrido en la región colindante con la central nuclear de Chernóbil, en Ucrania, en ausencia de la especie humana y de sus agresiones la naturaleza revive con singular rapidez e intensidad.

EL RECICLAJE DE LOS TRABAJADORES DE LA INDUSTRIA

Uno de los asistentes a la presentación de *Iberia vaciada* en León sugiere que muchos de los profesionales, más o menos especializados, que se hacen valer hoy en la industria, y que de manera cada vez más frecuente están perdiendo sus puestos de trabajo, podrían encontrar acomodo relativamente sencillo, en el escenario del colapso pero también antes de este, en las zonas rurales deprimidas. Y menciona al respecto las posibilidades que en este terreno corresponden a la construcción.

Aunque entiendo el argumento y no me parece en modo alguno desdeñable, me veo, con todo, en la obligación de plantear un par de disensiones. La primera subraya que, lejos del mundo de la construcción entendido en sentido amplio, no es sencillo imaginar cómo los profesionales radicados en otros segmentos de la economía encontrarían un acomodo como el que apunta el amigo leonés. La segunda anota que ese acomodo pende delicadamente de tecnologías y energías que no está claro vayan a operar sobre el terreno. Y es que la disposición de conocimientos y habilidades especializados a duras penas será de utilidad mayor si el entorno no facilita su concreción material, que es lo que me temo ocurrirá al calor del colapso.

DESAPARICIÓN DEL ESTADO Y SERVICIOS SOCIALES

En uno de los actos de presentación del libro me preguntan si la previsible desintegración de la institución Estado derivada del colapso se verá acompañada de una desaparición paralela de la sanidad y de la educación públicas. La respuesta en este caso parece fácil: así será. Lo suyo es que, a menos que tomemos medidas urgentes, los servicios sociales se vean indeleblemente marcados por la desaparición del Estado.

Importa subrayar, claro, los deberes que se derivan de lo anterior. El principal, sin duda, estriba en independizar de la tutela estatal esos servicios, y en hacerlo desde la perspectiva de la autogestión y la socialización. No estoy sino ante una más de las tareas que se vinculan con el designio de construir desde ahora mismo los rasgos de la sociedad poscolapsista, en la línea de lo que preconiza el título, moderadamente humorístico, del libro de John Michael Greer al que ya me he referido. Y es que aprovechar las ventajas que pueden derivarse de la desjerarquización, de la rerruralización y de las ganancias en materia de autonomía local debe acarrear, en buena ley, emancipar los servicios de la tutela que ejercen los políticos al uso, los burócratas y, naturalmente, las grandes empresas.

CIUDADES QUE MUEREN

A veces tengo la impresión de que muchas de las discusiones que se refieren a la Iberia vaciada, y que legítimamente identifican problemas muy hondos en esta última, parecen dar por descontado que el panorama que despunta en las ciudades es, en cambio, muy prometedor. Los hechos vienen a desmentir semejante conclusión, en eventual ilustración de que el colapso en el que nos adentramos afecta también, y acaso en mayor medida, a las ciudades.

En un libro titulado *Comment la France a tué ses villes* (L'écopoche, París, 2019), Olivier Razemon nos recuerda, en relación con Francia, pero al calor de una aserción que tiene aplicación fácil entre nosotros, que "el cáncer de las ciudades no es una enfermedad de país pobre. Es una enfermedad de país rico, de sociedad opulenta, de la misma forma que lo son la obesidad, el endeudamiento, la caducidad programada o la contaminación de los mares, de la mano de esos continentes de plástico que flotan en los océanos. El éxodo urbano es consecuencia de la sobreabundancia, de los abusos de posición dominante de las empresas multinacionales y de letales modos de vida".

Y es que, fuera de los recintos de prosperidad que benefician a unos pocos, el panorama de las ciudades es, para la mayoría de sus habitantes, cualquier cosa menos halagüeño. Bastará con recordar al respecto un coste de la vida cada vez más alto, la proliferación de infraviviendas, el asentamiento de onerosos alquileres, la multiplicación del número de personas que viven en la marginalidad, la condición de barrios enteros que se caen, la general ausencia de zonas verdes, la extensión del desempleo y el deterioro de una sanidad y una educación sometidas a recortes y privatizaciones. Las ciudades son, por añadidura, el núcleo maestro de proyectos marcados por una exaltación del individualismo más extremo acompañada, por cierto, de un control represivo que, de la mano de cámaras y de una policía omnipresente, se ha acrecentado inopinadamente al calor de la pandemia.

En un escenario en el que se combinan trabajosamente condominios cerrados, gentrificaciones y lumpemproletarizaciones, las ciudades han sido ganadas para la causa de una parafernalia, la del automóvil, que ha revelado sus secuelas en los ámbitos más dispares. Y se han convertido en el teatro en el que se ha hecho valer el triunfo de las grandes superficies frente al comercio local, con consecuencias muy delicadas con respecto al futuro. Recuérdese que si hace poco más de un siglo en la ciudad de París se producía el 90 por ciento de las verduras que en ella se consumían, hoy la producción local brilla por su ausencia. En nuestros días, en la región de L'Île-de-France, el área que rodea París, se produce sólo el 20 por ciento de los alimentos que se consumen, circunstancia muy delicada en caso de que peligren los suministros de petróleo y se produzcan bloqueos en las carreteras. Según una estimación, París cuenta con reservas para resistir, en ese escenario, durante solo tres días. Hasta que llegue ese momento siempre nos quedará el recurso, eso sí, de la comida basura...

LA CIUDAD AGROPOLITANA, LA ALDEA COSMOPOLITA

Leo con fruición el libro de Jaime Izquierdo que lleva por título *La ciudad agropolitana. La aldea cosmopolita* (Krk, Oviedo, 2019). En su fundamentación, esa obra me recuerda a algo que he contado a menudo: las ciudades gallegas exhiben, de manera entiendo que espontánea, un rasgo que suelen reivindicar los movimientos por la transición ecosocial. Me refiero al hecho de que en ellas los límites entre el mundo urbano y el rural se presentan difuminados. No está claro, en otras palabras, dónde termina la ciudad y dónde empieza el campo. Acaso el mejor ejemplo de la circunstancia que invoco lo proporcionan, con todo, las dos grandes ciudades portuguesas. Mientras que, cuando uno abandona Lisboa, se adentra sin tránsito en el desierto, cuando hace lo propio con Oporto la linde de la ciudad se presenta difusa y las *leiras* penetran hasta el centro de esta.

Tiene mucho interés el esfuerzo de Jaime Izquierdo para reivindicar lo que llama la *ciudad agropolitana*, una ciudad que en sustancia se propone recomponer su relación con el campo colindante. Este último, entre tanto, busca, en virtud de un proceso de condición muy diferente, recuperar en plenitud su destino y, con él, su función primigenia de gestión del medio natural. Izquierdo recuerda al respecto, por cierto, que mientras el camino de la aldea ha exhibido una condición simbiótica, el de la ciudad, por el contrario, ha asumido un perfil depredador.

Creo que salta a la vista que la propuesta de Izquierdo plantea demandas diferentes a tirios y troyanos. Entiendo que a la postre lo que reclama de los urbanitas es un cambio sustancial que invita a estos a participar activamente en la gestión del medio rural que circunda a sus ciudades. Para ello deben deshacerse, por lógica, de muchos de los malos hábitos que arrastran y deben procurar, en paralelo, la senda del trabajo manual, del consumo saludable y de un corazón que regresa al campo. En cambio, en el caso de los *ruralanos*, que diría el amigo García Camarero, lo que se pide es que procuren ser lo que han sido siempre, o casi siempre, y no tanto que cambien en provecho de esto o lo otro. El fundamento de su condición es lo que Yves Champetier llama, en uno de los textos incluidos en el libro de Izquierdo, "la inteligencia colectiva de la comunidad aldeana", manifiesta "a través de una gestión sutil, compleja, ajustada y refinada de su ecosistema". La tarea correspondiente es tanto más urgente cuanto que la ciudad sigue ganando terreno, cierto es que en condiciones cada vez menos halagüeñas, en tanto el campo se extingue a marchas forzadas y se lleva consigo, al tiempo, conocimientos vitales.

LA EUROPA MEDITERRÁNEA

Algunas de mis lecturas más recientes invitan a concluir que el panorama de muchas áreas del interior de Italia, de Grecia y de la antigua Yugoslavia no es muy distinto del que se hace valer en la Iberia vaciada. Y aconsejan recelar, en paralelo, de la idea de que los problemas propios de la Europa mediterránea no tienen ninguna representación, pese a lo que haya podido sugerir yo mismo en su momento, en un país como Francia.

Me acogeré al ya invocado ejemplo de Italia, bien retratado en un libro que, con el título *Italia contadina. Dall'esodo rurale al ritorno alla campagna* (Aracne, Canterano, 2018), han firmado Rossano Pazzagli y Gabriella Bonini. En el interior del país, y en lo que hace a su parte más meridional, pero también en Cerdeña y Sicilia, son evidentes la despoblación —parece haber seguido patrones genéricamente similares a los registrados en la península Ibérica—, el envejecimiento de los habitantes, la concentración de la propiedad en unas pocas manos y una crisis lacerante. El escenario, que es a menudo el de una activa desertización, se completa con un retroceso en las inversiones y en los niveles de consumo, con el deterioro de la sanidad y la educación, y con desigualdades crecientes, fenómenos todos ellos en su caso ahondados por la gestión de la pandemia. Como en tantos otros lugares, estas regiones son víctimas de la globalización, de singularísimas pautas de innovación tecnológica, de la terciarización de las economías y de la marginación que la Europa mediterránea padece dentro de la Unión Europea. El derrotero del mundo rural italiano en el último siglo ha sido objeto de numerosos, y muy sugerentes, retratos literarios, como los que han entregado a la imprenta Italo Calvino, Beppe Fenoglio, Carlo Levi, Pier Paolo Pasolini, Cesare Pavese, Luigi Pirandello, Vasco Pratolini, Leonardo Sciascia o Ignazio Silone. Pero se ha revelado al tiempo en películas muy conocidas de Bernardo Bertolucci, Roberto Rossellini, Vittorio De Sica o Luchino Visconti.

Por elementos como estos, y por otros muchos, se interesa también un libro colectivo recientemente publicado y titulado *Borgo Italia. Identità, demografia, innovazione. Per la renascita delle piccole Patrie* (Eclettica, Massa, 2021). Cierto es, para decirlo todo, que el libro que acabo de mencionar, que incluye a buen seguro informaciones interesantes, se antoja un buen reflejo de la perspectiva que muchos grupos de presión de carácter autoritario y *conservador* se disponen a defender. La opción dominante en los textos recogidos en *Borgo Italia* postula un proyecto estatalista y esencialista que en algún momento parece hacerse eco del fascismo de otrora. En esas páginas no se duda en defender la industrialización y la actividad de las grandes empresas, apenas se cuestiona lo que significan la tecnología y la innovación, en momento alguno se discuten las virtudes de la economía de mercado y del capitalismo, y nunca se asoma la lucha de clases en cualquiera de sus imaginables manifestaciones. Se revela, por añadidura, un rechazo frontal de un eventual "retorno a la era preindustrial" —son palabras de Clemente Ultimo—, sin que haya hueco alguno para la perspectiva del decrecimiento o para una consideración del riesgo de un colapso general. Si en Vox hubiera algún designio de evaluar los problemas que sopeso en *Iberia vaciada* a buen seguro que la obra italiana que gloso ahora sería una feraz fuente de inspiración.

GANAN POBLACIÓN LAS ÁREAS MÁS DESERTIZADAS

¿Quieren un botón de muestra, tan simbólico como real, de que las cosas entre nosotros van mal? Lo ofrece el mapa de *Ctxt* que aparece recogido al final de esta obra. Tal y como ya lo he señalado, en él resulta fácil apreciar que la mancha oscura —la que da cuenta de los municipios que pierden población— se hace más densa a medida que nos movemos hacia el noroeste peninsular, en tanto la clara —la de los que ganan habitantes o, al menos, no los pierden— se revela con más fuerza en el sureste. Creo que salta a la vista la paradoja: mientras las áreas más afectadas por el cambio climático, en este caso manifiesto a través de activos procesos de desertización, ganan población, las que parecen llamadas a quedar un tanto al margen de aquel, o, para decirlo mejor, las que menos lo padecerán, pierden habitantes. Es fácil intuir que la irracionalidad extrema de esa situación abrirá el paso, más antes que después, a una migración que bien puede ser masiva hacia las tierras situadas el norte de la península Ibérica y, muy probablemente, hacia las emplazadas en el noroeste. No parece, sin embargo, que los gobernantes españoles hayan tomado nota de las secuelas, que se anuncian dramáticas, de semejante migración.

EL SILENCIO

En algún momento de este libro, cuando me refiero a las virtudes que acompañan, o que suelen acompañar, a la vida en el mundo rural, hablo de la presencia en este de recintos más silenciosos. Cada vez aprecio más lo que depara el silencio. Muchos de los capítulos, breves, de un trabajo de Antonio Pau titulado *Tratado de escapología. Teoría y práctica de la huida del mundo* (Trotta, Madrid, 2019) me han traído a la memoria ese silencio que, con toda evidencia, falta en las ciudades. La obra de Pau aporta, por lo demás, un buen puñado de citas, tan sesudas como gráciles, que redundan en provecho de la idea de que quienes habitan en el campo bien harían en disfrutar de aquello de lo que no podemos gozar los urbanitas. Si quieren una prueba de lo anterior, ahí están estos versos de

Virgilio: "¡Oh inmensamente felices los labriegos si supieran los bienes que tienen! A ellos, alejados de armas y de guerras, la justísima tierra les da fácil sustento que brota del suelo". Y ello por mucho que salte a la vista que esto último a duras penas es verdad hoy, y acaso tampoco lo fue en plenitud en el pasado. Pero, puestos a bucear en el libro de Pau, confesaré que me quedo con una cita del Kempis: "He buscado reposo por todas partes y no lo he encontrado en ningún lado, salvo en un rincón con un libro".

CARLOS TAIBO, septiembre de 2021

MAPAS

1. COMUNIDADES AUTÓNOMAS (ESPAÑA) Y REGIONES (PORTUGAL) EN LA IBERIA PENINSULAR

2. MUNICIPIOS QUE GANAN Y QUE PIERDEN POBLACIÓN EN ESPAÑA

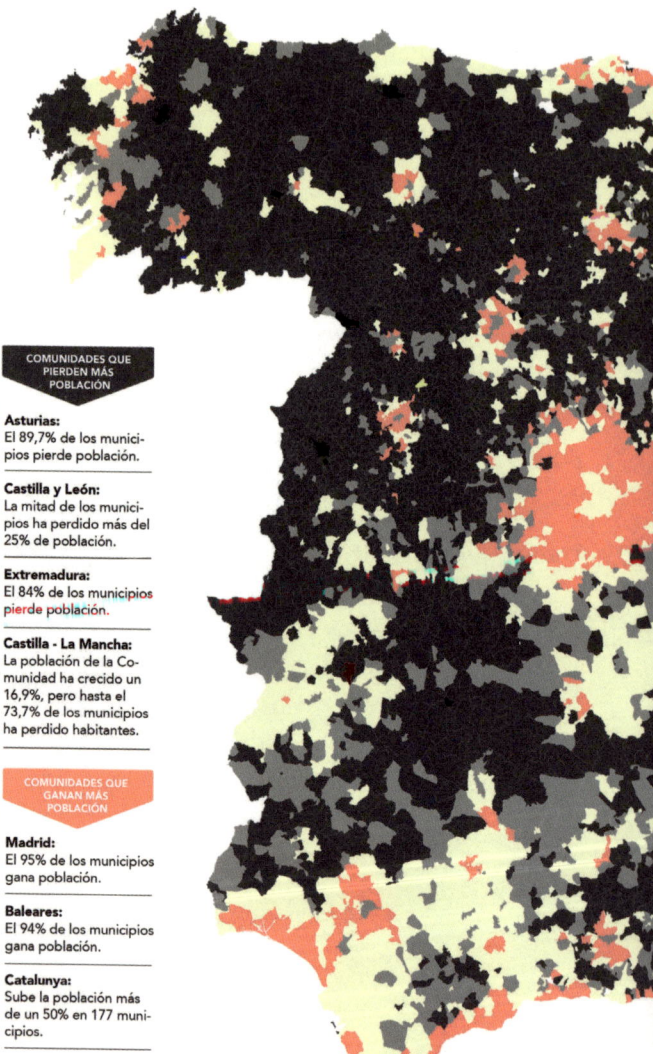

COMUNIDADES QUE PIERDEN MÁS POBLACIÓN

Asturias:
El 89,7% de los municipios pierde población.

Castilla y León:
La mitad de los municipios ha perdido más del 25% de población.

Extremadura:
El 84% de los municipios pierde población.

Castilla - La Mancha:
La población de la Comunidad ha crecido un 16,9%, pero hasta el 73,7% de los municipios ha perdido habitantes.

COMUNIDADES QUE GANAN MÁS POBLACIÓN

Madrid:
El 95% de los municipios gana población.

Baleares:
El 94% de los municipios gana población.

Catalunya:
Sube la población más de un 50% en 177 municipios.

Murcia:
Segunda región donde más ha crecido la población.

3. LA ESPAÑA VACÍA DE SERGIO DEL MOLINO

▬ Regiones poco pobladas asimilables a la España vacía
— Límite de la España vacía
◎ Ciudades de más de 250.000 habitantes

Fuente: Molino, 2016.

4. LA SERRANÍA CELTIBÉRICA DE PACO CERDÀ

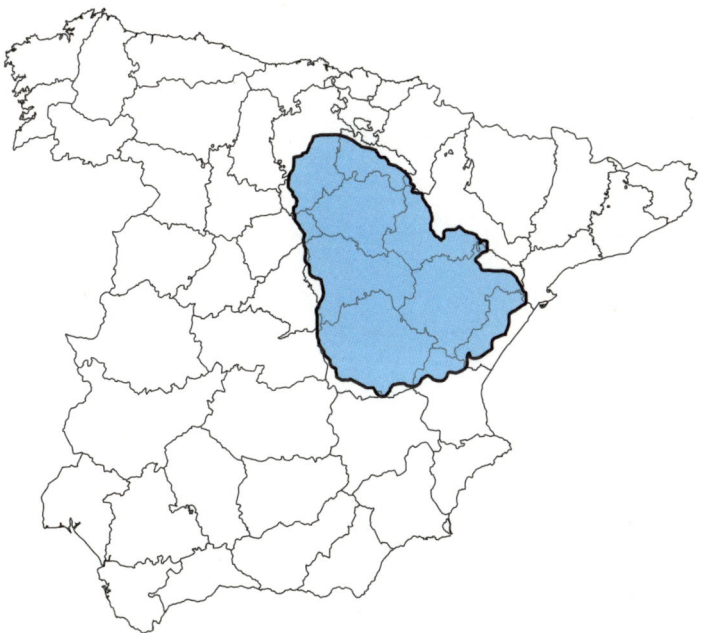

Fuente: Cerdà, 2016.

5. EL PORTUGAL VACIADO

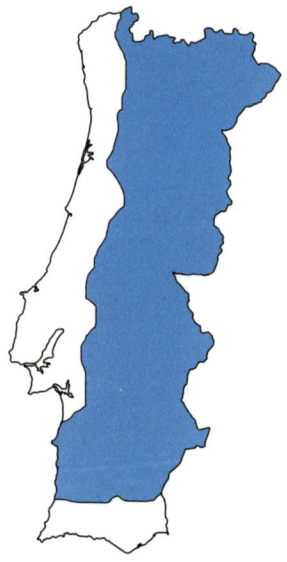

Fuente: Elaboración propia.
En azul el Portugal vaciado.

BIBLIOGRAFÍA

Acot, Pascal (2004): *Histoire du climat*, Perrin, París.
Algarra, David (2015): *El comú català*, Potlatch, Vilanova del Camí.
Alisa, Giacomo d'; Demaria, Federico; Kallis, Giorgos (dirs.) (2015): *Decrecimiento. Vocabulario para una nueva era*, Icaria, Barcelona.
Amaral, Luciano (2010): *Economia portuguesa. As últimas décadas*, Fundação Francisco Manuel dos Santos, Lisboa.
— (2014): *Rica vida. Crise e salvação em 10 momentos da história de Portugal*, D. Quixote, Alfragide.
Amery, Carl (2002): *Auschwitz: ¿comienza el siglo XXI? Hitler como precursor*, Turner/Fondo de Cultura Económica, Madrid.
Asociación Véspera de Nada por unha Galiza sen Petróleo (2019): *Guía para el descenso energético*, Asociación Véspera de Nada por unha Galiza sen Petróleo, SL.
Badal, Marc (2017): *Vidas a la intemperie*, Pepitas de Calabaza, Logroño.
Barco, Emilio (2018): *Donde viven los caracoles*, Pepitas de Calabaza, Logroño.
Barbal, Maria (2009): *Pedra de tartera*, La Butxaca, Barcelona.
Biehl, Janet; Staudenmaier, Peter (2019): *Ecofascismo. Lecciones sobre la experiencia alemana*, Virus, Barcelona.
Borges Coelho, António (2017): *Comunas ou concelhos*, Caminho, Alfragide.
Bourdon, Albert A.; Léonard, Yves (2019): *Histoire du Portugal*, Chandeigne, París.
Brandão, José (2014): *A história da pobreza em Portugal*, Saída de Emergência, São Pedro do Estoril.

Brouwer, Roland (s. d.): "Los baldíos: gestión de las propiedades comunales en Portugal", en http://www.fao.org/3/v3960s/v3960s07.htm

Camargo, João (2018): *Portugal em chamas. Como resgatar as florestas*, Bertrand, Lisboa.

Campo Vidal, Manuel (2020): *La España despoblada. Crónicas de emigración, abandono y esperanza*, Sagesse, Madrid.

Carrasco, Jesús (2013): *Intemperie*, Seix Barral, Barcelona.

Cerdà, Paco (2016): *Los últimos. Voces de la Laponia española*, Pepitas de Calabaza, Logroño.

Collantes, Fernando; Pinilla, Vicente (2019): *¿Lugares que no importan? La despoblación de la España rural desde 1900 hasta el presente*, Universidad de Zaragoza, Zaragoza.

Constenla, Xosé (2018): *O colapso territorial en Galiza*, Galaxia, Vigo.

Ctxt (2019): "La España vacía", en *Ctxt. Revista Contexto*, 27, octubre-noviembre.

Delibes, Miguel (2001): *Las ratas*, Espasa-Calpe, Madrid.

Diamond, Jared (2006): *Colapso*, Debate, Barcelona.

Dias, Jorge (1983): *Vilarinho da Furna, uma aldéia comunitária*, Imprensa Nacional-Casa da Moeda, Lisboa.

— (1984): *Rio de Onor. Comunitarismo agro-pastoril*, Presença, Lisboa.

Díez, Luis M. (1996): *El espíritu del Páramo*, Ollero y Ramos, Madrid.

Diogo, Fernando; Castro, Alexandra; Perista, Pedro (2015): *Pobreza e exclusão social em Portugal*, Húmus, Vila Nova de Famalicão.

Duch, Gustavo (2019): "Los comunales, una piedra y un pescado", en "La España vacía", *Ctxt. Revista Contexto*, 27, octubre-noviembre.

Ecologistas en Acción (2002): *Escenario de trabajo en la transición ecosocial, 2020-2030*, Ecologistas en Acción, Madrid.

Evans, Joám (2019): *Mancomunidade. Uma terra livre sem Estado*, Ardora, Santiago.

Fernández Durán, Ramón; González Reyes, Luis (2014): *En la espiral de la energía. Colapso del capitalismo global y civilizatorio. Volumen 2*, Libros en Acción, Madrid.

Fernández Hermo, Rebeca; Veiras García, Xosé (2019): *Mapa ecosocial de Galicia*, Catro Ventos, Vigo.

Flannery, Tim (2006): *The Weather Makers*, Grove, Nueva York.

Fontes, António (2016): *Etnografia transmontana. Volume II. O comunitarismo de Barroso*, Âncora, Lisboa.

Freire Costa, Leonor; Lains, Pedro; Münch Miranda, Susana (2011): *História económica de Portugal*, A Esfera dos Livros, Lisboa.

Furtado, Francisco (2020): *A ferrovia em Portugal*, Fundação Francisco Manuel dos Santos, Lisboa.
Gadrey, Jean; Marcellesi, Florent; Barragué, Borja (2013): *Adiós al crecimiento. Vivir bien en un mundo solidario y sostenible*, El Viejo Topo, Barcelona.
Gancedo, Emilio (2015): *Palabras mayores. Un viaje por la memoria rural*, Pepitas de Calabaza, Logroño.
García Camarero, Julio (2009): *El crecimiento mata y genera crisis terminal*, Los Libros de la Catarata, Madrid.
— (2010): *El decrecimiento feliz y el desarrollo humano*, Los Libros de la Catarata, Madrid.
— (2013): *El crecimiento mesurado y transitorio en el Sur*, Los Libros de la Catarata, Madrid.
— (2019): *Ciudadanos y "ruralanos"*, Los Libros de la Catarata, Madrid.
Godinho, Paula (2017): *O futuro é para sempre*, Através/Letra Livre, Santiago/Lisboa.
Goig, Isabel (2002): *El lado humano de la despoblación*, Centro Soriano de Estudios Tradicionales, Soria.
Grazia Tanta (2016a): "Centro e periferias na Europa - A dinâmica das desigualdades desde 1990", en http://grazia-tanta.blogspot.pt/2016/04/centro-e-periferias-na-europa-dinamica.html (18 de abril).
— (2016b): "Centro e periferias (3) - Portugal, uma periferia ibérica", en http://grazia-tanta.blogspot.pt/2016/06/centro-e-periferias-3-portugal-uma.html (20 de junio).
— (2019): "Os níveis de educação entre os povos da Europa (1ª parte)", en https://grazia-tanta.blogspot.com/2020/05/os-niveis-de-educacao-entre-os-povos-da.html (19 de agosto). Véase también https://kaosenlared.net/os-niveis-de-educacao-entre-os-povos-da-europa-1a-parte
— (2020): "O que se esconde no centro da campanha do coronavírus", en https://grazia-tanta.blogspot.com/2020/05/o-que-se-esconde-na-sombra-da-campanha.html (7 de mayo).
Greer, John M. (2009): *The Ecotechnic Future. Envisioning a Post-Peak World*, New Society, Gabriola Island.
— (2015): *Collapse Now and Avoid the Rush*, Founders House, SL.
Hamilton, Clive (2006): *El fetiche del crecimiento*, Laetoli, Pamplona.
Instituto Nacional de Estatística (2019a): *Estatísticas demográficas 2018*, INE, Lisboa.
— (2019b): "Retrato territorial de Portugal", en *Destaque*, INE, Lisboa (23 de diciembre).

Kolbert, Elizabeth (2008): *La catástrofe que viene*, Planeta, Barcelona.
Latouche, Serge (2007a): *La otra África. Autogestión y apaño frente al mercado global*, Oozebap, Barcelona.
— (2007b): *Sobrevivir al desarrollo*, Icaria, Barcelona.
— (2009a): *La apuesta por el decrecimiento*, Icaria, Barcelona.
— (2009b): *Pequeño tratado del decrecimiento sereno*, Icaria, Barcelona.
— (2019): *La décroissance, Que sais-je?*, París.
Llamazares, Julio (1988): *La lluvia amarilla*, Seix Barral, Barcelona.
López Andrada, Alejandro (2017): *El viento derruido. La España rural que se desvanece*, Almuzara, Córdoba.
Louro, Víctor (dir.) (2016a): *Desertificação. Sinais, dinâmicas e sociedade*, Piaget, Lisboa.
— (2016b): *A floresta em Portugal. Um apelo à inquietação cívica*, Gradiva, Lisboa.
Lynas, Mark (2007): *Seis graus. O nosso futuro num planeta em aquecimento*, Civilização, Oporto.
Madina, Itziar; Santos, Sales (2012): *Comunidades sin Estado en la montaña vasca*, Hagin Argitaletxea, Antsoain.
Malézieux, Éric, y otros (2018): "Des processus de régulation naturelle à l'innovation technique, quelles solutions agro-écologiques pour les agricultures du Sud?", en VV AA: *La transition agro-écologique des agricultures du Sud*, Quae, Versalles, pp. 203-222.
Martínez Rejas, María José; Díez Gutiérrez, Enrique J. (2020): "Pro puestas de consenso para repoblar una España vaciada", en https://elcomun.es/2020/11/08/propuestas-de-consenso-para-repoblar-una-espana-vaciada
Medel, Aurelio (2019): "Cómo financiar la recuperación de la España vaciada", en "La España vacía", en *Ctxt. Revista Contexto*, 27, octubre-noviembre.
Mendoza, Virginia (2017): *Quién te cerrará los ojos. Historias de arraigo y soledad en la España rural*, Del K.O., Madrid.
Molino, Sergio del (2016): *La España vacía. Viaje por un país que nunca fue*, Turner, Madrid.
Monbiot, George (2008): *Calor. Cómo parar el calentamiento global*, RBA, Barcelona.
Mónica, Maria Filomena (2018): *Os pobres*, A Esfera dos Livros, Lisboa.
Mosangini, Giorgio (2012): *Decrecimiento y justicia Norte-Sur. O cómo evitar que el Norte Global condene a la humanidad al colapso*, Icaria, Barcelona.
Mouthon, Fabrice (2014): *Les communautés rurales en Europe au Moyen Âge*, Presses Universitaires de Rennes, Rennes.

NAREDO, JOSÉ M. (1971): *La evolución de la agricultura en España*, Estela, Barcelona.
NEIRA VILAS, Xosé (2010): *Memorias dun neno labrego*, Galaxia, Vigo.
PINTO CORREIA, Esmeralda (2016): *Êxodo rural e desertificação humana. A morte de uma freguesia do Alentejo Central*, Colibri, Lisboa.
PLA, Josep (2014): *El pagès i el seu món*, La Butxaca, Barcelona.
PRIETO, Pedro (2004): "El libro de la selva. Pequeño manual de supervivencia para la crisis energética", en http://www.crisisenergetica.org
RENTES DE CARVALHO, José (2017): *Trás-os-Montes, o Nordeste*, Fundação Francisco Manuel dos Santos, Lisboa.
RIDOUX, Nicolas (2009): *Menos es más. Introducción a la filosofía del decrecimiento*, Los Libros del Lince, Barcelona.
ROA LLAMAZARES, César (2016): *Historias de la lucha por el común*, Los Libros de la Catarata, Madrid.
— (2017): *La defensa de los comunales*, Los Libros de la Catarata, Madrid.
— (2019): *En páramos malditos. Reflexiones sobre monocultivos y comunales*, Los Libros de la Catarata, Madrid.
RODRIGO MORA, Félix (2008): *Naturaleza, ruralidad y civilización*, Brulot, Madrid.
— (2010): *O atraso político do nacionalismo autonomista galego*, Unión Libertaria, Ferrol.
RODRIGUES, Manuel (1987): *Os baldios*, Caminho, Lisboa.
ROMERO RENAU, Luis del (2018): *Despoblación y abandono de la España rural. El imposible vencido*, Tirant, Valencia.
ROSA, Eugénio (2015): *Os números da desigualdade em Portugal*, Lua de Papel, Alfragide.
RUIZ DEL CAMPO, Juan P. (2019): *Mientras haya tempero*, 12 celemines, SL.
SALE, Kirkpatrick (1985): *Dwellers in the Land. The Bioregional Vision*, Sierra Club, San Francisco.
SÁNCHEZ, María (2019): *Tierra de mujeres*, Seix Barral, Barcelona.
SARAIVA, JOSÉ H. (1989): *História concisa de Portugal*, Europa-América, Lisboa.
SARDICA, JOSÉ M. (2011): *O século XX português*, Texto, Alfragide.
SERREAU, Coline (2012): *Solutions locales pour un désordre global*, Actes Sud, Arlés.
TARPINO, Antonella (2016): *Il paesaggio fragile*, Giulio Einaudi, Turín.
TORGA, Miguel (2003): *Novos contos da montanha*, Dom Quixote, Lisboa.

Torquebiau, Emmanuel, y otros (2018): "Agro-écologie et changement climatique: des liens intimes et porteurs d'espoir", en VV AA, *La transition agro-écologique des agricultures du Sud*, Quae, Versalles, pp. 245-256.

Turiel, Antonio (2020): *Petrocalipsis: crisis energética global y cómo (no) la vamos a solucionar*, Alfabeto, Madrid.

Valente Rosa, Maria João (2012): *O envelhecimento da sociedade portuguesa*, Fundação Francisco Manuel dos Santos, Lisboa.

Valente Rosa, Maria João; Chitas, Paulo (2010): *Portugal: os números*, Fundação Francisco Manuel dos Santos, Lisboa.

Valério, Nuno (dir.) (2001): *Estatísticas históricas portuguesas (vol. I)*, Instituto Nacional de Estatística, Lisboa.

VV AA (2018): *La transition agro-écologique des agricultures du Sud*, Quae, Versalles.